百年巨匠

三痴三绝诗书画

大师 林散之

Century Masters
Lin Sanzhi

百年巨匠 国际版 系列丛书

蔺虹霞 ◎ 编著

敦煌文艺出版社

图书在版编目（CIP）数据

三痴三绝诗书画：大师林散之 / 蔺虹霞编著. —
兰州：敦煌文艺出版社，2019.12
　ISBN 978-7-5468-1839-9

Ⅰ. ①三⋯ Ⅱ. ①蔺⋯ Ⅲ. ①林散之（1898-1989）
—传记 Ⅳ. ①K825.72

中国版本图书馆CIP数据核字（2019）第248611号

百年巨匠 国际版系列丛书

三痴三绝诗书画

大师林散之

蔺虹霞　编著

总 策 划：马永强　杨继军
项目负责：余　岚　赵　静
统筹策划：徐　淳
责任编辑：曾　红
艺术监制：马吉庆
装帧设计：李晓玲　禾泽木

敦煌文艺出版社出版、发行
地址：（730030）兰州市城关区读者大道568号
邮箱：dunhuangwenyi1958@163.com
博客（新浪）：http://blog.sina.com.cn/lujiangsenlin
微博（新浪）：http://weibo.com/1614982974
0931-8773148（编辑部）　　0931-8773112（发行部）

兰州华峰印刷有限公司印刷
开本720毫米×1020毫米　1/16　印张10.5　插页1　字数154千
2020年1月第1版　2020年1月第1次印刷
印数：1～3000

ISBN 978-7-5468-1839-9
定价：48.00元

如发现印装质量问题，影响阅读，请与出版社联系调换。
本书所有内容经作者同意授权，并许可使用。
未经同意，不得以任何形式复制转载。

目录
Contents

第一章　少年时代

2　第一节　鱼米之乡
5　第二节　患疾致聋
9　第三节　美术天赋
14　第四节　学堂发蒙
19　第五节　父亲去世

第二章　求师经历

24　第一节　南京学艺
28　第二节　诗集问世
32　第三节　出任塾师
36　第四节　得遇恩师
40　第五节　娶得贤妻

第三章　沪上拜师

46　第一节　乌江草堂
49　第二节　自办私塾
54　第三节　赴沪学艺
59　第四节　返乡治水

第四章　行万里路

66　第一节　师法自然
70　第二节　万里征途
73　第三节　九死一生
78　第四节　漫游小记

第五章　战争岁月

84	第一节	抗战烽火
88	第二节	义救乡邻
92	第三节	江浦血泪
97	第四节	迎来解放

第六章　玄武湖畔

102	第一节	倾情水利
106	第二节	林副县长
109	第三节	亚明夜访
113	第四节	结识诗友

第七章　峰回路转

120	第一节	主攻书法
126	第二节	飞来横祸
129	第三节	大器晚成

第八章　金色秋天

134	第一节	我本书生
137	第二节	诗人散之
142	第三节	吴生画笔
146	第四节	当代草圣

第九章　一代宗师

154	第一节	江上诗存
157	第二节	大放异彩
160	第三节	天伦之乐

第一章 | 少年时代

SHAONIAN SHIDAI

第一节

鱼米之乡

  1898 年 11 月 20 日，即清光绪二十四年夏历十月七日，林散之出生于江浦县乌江桥北江家坂村（现属南京浦口区）的家宅之中。林家先祖，世代居住在安徽省和县乌江镇七棵松，以打鱼为生。到林散之的祖父辈时，为捕鱼之便，养活家人，其祖父举家迁至江苏省江浦县蒲圩，距乌江镇约三里地。其祖父迁居到江浦县后，生三子一女，长子名成兴、次子成璧、三子成璋（也就是林散之的父亲）。

  林散之出生时，林家整个大家庭有三十多口人。江浦县地处鱼米之乡，素为富庶之地，但那个时代，靠山吃山，靠水吃水的渔民家庭，也就勉强混个温饱。林家家境一直很穷，住的是茅草屋，穿的是补丁衣服，吃的是地瓜粥；一切家用，全靠每日捕鱼所得换取。这种状况,一直到林散之的大伯父林成兴因军功做官后,才有所改善。

林成兴是林家的长子,自小喜好舞刀弄棒,长到少年时,有一身好力气,经常与周围的子弟纠斗打架。他十八岁的时候,终于惹祸上身,招惹了当地一个狠角色。对方下了黑手,找人将他狠狠打了一顿不说,还将他捆了个结结实实,坠上一块大石头,扔到了河里,欲置其于死地。幸亏林成兴自小打鱼,水性极好,又有极强的臂力,在水中竟然将绳索挣脱开,侥幸逃出。他凫水上岸后,怕仇家继续加害,也为了不给家人带来祸害,干脆谁也没说,有家不回,只身一人投军去了。

当时的江浦县,驻扎有清政府平定太平天国运动的大营,年轻的林成兴走投无路,只好加入了清政府的军队。从军后,善于交际的他在军中结义兄弟九人,因年齿最幼,人称"林老九"。林成兴有一身好武艺,加上作战勇敢,人缘又好,在军队中如鱼得水,很快就脱颖而出,成为军队将领倚重的人才。在一次重要战役中,林成兴冒死,首先突破敌人的城防,取得赫赫战功。事后,被赐"巴图鲁"称号。巴图鲁乃满语,犹汉文称能干,谚云好汉也。此后,林成兴不断因军功升迁,到林散之出生时,他已经被清廷封为建威将军,驻大同镇守雁门三关。在林散之的《清明上坟诗》中,对其大伯父有记载:同治中兴忆伯父,干城之器力如虎。节制三关居雁门,出入严卫巴图鲁。

林成兴做官后,在山西任上娶妻生子,后衣锦还乡,回家探望父母亲人。此时的林成兴已经今非昔比,仇家听说后,吓得屁滚尿流逃遁而去。家人见了他,喜出望外。昔日的顽劣少年,今天成了威风八面的将军。林成兴回家后,出了一笔钱,建起了一座大房子,改善家族的居住环境。这座宅院,位于江浦县距乌江镇不远的江家坂,被林家称为江家坂大宅,林散之就出生在这里。大宅前后共三进,加上厢房,共有四五十间平房,房屋后面还有花园。

林成兴建江家坂大宅,原本是打算解甲归田后在此安度晚年。没料到他一

林散之故居

天也未住过,只有他的妻子带着一个儿子住在此处。林成兴的夫人是山西人,她寿命很长,每逢节日或寿辰,都要穿上诰封的官服,以示隆重。林成兴为了家族安全,还特地派他手下一个武艺高强的谭师傅作为护宅保镖师。

林成兴在山西任职,房子建好后,就回去继续履职了,没等到他退休,就因病死在了任上。他死之后,家族的事务,大都由林家老二林成璧负责打理。老三成璋与林成璧为孪生兄弟,只比二哥晚出生几分钟,他天性诚厚内敛,对功名利禄不感兴趣,家族的事务也是漠不关心,只是喜好读书,偶尔也写字作为消遣。林成璋先娶黄氏为妻,可惜黄氏女早亡,遗有二女。后于三十五岁时续娶和县名门吴氏女,就是林散之的母亲。婚后第二年,林散之出生。林成璋中年得子,举家欢欣,都对这个男孩充满了殷切的希望。

第二节

患疾致聋

　　林散之在叔伯兄弟中排行第五,家人都叫他"小五子"。后来人们又尊称他为"林五先",即"林五先生"的简称。林散之三岁的时候,生了一场疾病,导致耳朵发炎,病好后留下了后遗症,左耳有些聋。正是学习说话的年龄,由于左耳听力不好,林散之总是比同龄的孩子沉默一些。家人以为他性格呆滞,又都喊他为"五呆"。

　　名字叫"五呆",林散之的智商却一点不呆,他从小就很聪明,虽然话不多,却善于观察,记忆力也很好。他晚年对儿女回忆,自己童年时,最难忘的是家中的护院师傅谭师傅和大伯父的一匹白马。这位谭师傅,曾经做过伯父的手下,白马也是伯父非常钟爱的坐骑。虽然自己出生时大伯父已经去世多年，林散之从未见过他本人，但是对这位颇有传奇色彩的伯父，林散之很是敬佩，也从家人口中听说了许多他在军队中的故事。

护院的谭师傅是山东人，身材魁梧，一生未娶。他本来是林散之大伯父麾下的军官，由于为人敦厚忠诚，武艺高强，林成兴很信任他。战争结束后，林成兴将谭师傅留下来，派遣他回老家守家护院。有这样一位忠诚沉稳、武艺高强的护院保镖，林家再不用担心地痞流氓的侵扰了。

林散之幼时，喜欢跟着这位谭师傅玩耍，亲眼见过他许多惊人的武艺。谭师傅身材高大魁梧，力大无比，惯使一口单刀。有一次，他表演刀术，将十几枚铜板堆叠在一起，凝神聚力，一刀将所有铜钱劈为两半，如刀削豆腐一般。谭师傅会使暗器，身上佩戴有牛皮袋子，里面装着小铁球，他以铁球击物，百步之内，弹无虚发，人称"神弹子"。

有一年夏天，谭师傅和众乡邻在宅后小山上乘凉，闲谈中有人提议要谭师傅表演武功，众人也哄闹附和。谭师傅为人低调，平素一向不轻易显示自己的武功，但拗不过众乡邻，只好答应了。他站起身紧紧衣衫，准备打一趟拳。恰巧，有一条大牯牛在旁吃草，众人来了兴致，怂恿谭师傅和牛比试下力气。此事非同小可，大水牛除了力大无比，头上还有锋利的牛角。但谭师傅却不慌不忙，与牛对视一下，瞅个空子近身过去，双手分别抓住牛的两角。和牛对顶起来。双方相持不下，陷入僵局。旁边有个好事者拿起扁担，对着牛屁股猛打。水牛吃痛，牛脾气上来了，口吐白沫，猛然发力顶向谭师傅。此时牛在上坡，谭师傅在下坡。谭师傅运足全身气力，双臂顶在胸前，死死扛住牛头。由于用力过大，双足陷入土地达数寸之深。此时，有人又在牛屁股上狠打一下，牛闷哼一声，喘着粗气，圆睁双眼，四蹄用力，推着谭师傅移动起来。这时谭师傅只要一松手或再一后退，就有性命危险。说时迟那时快，千钧一发之际，谭师傅运足内功，腰身发力，猛力把牛向斜后方一推，纵身向旁跳去。牛失去平衡，一头栽跌在山下，动弹不得。看见谭师傅赤手空拳制服了一头大水牛，围观众人都吓呆了，半晌才醒过神来，纷纷夸赞谭师傅神力。

谭师傅人高马大，却有一身轻功的本事，身轻似燕，可轻而易举越过高墙或跳上房子。他并不像小说中的武林高手那样凌空跳上去，而是先跑几步，用脚在墙上踏几步，借势一纵身，双手按住墙头或屋檐，借助臂力翻越高墙或跳上房子。

有一次，谭师傅带着小林散之去乌江镇上玩耍。正赶上唱戏，看戏的人里三层外三层，将戏台围了个水泄不通。小林散之嚷嚷着要看戏，谭师傅只好抱着他，用力挤进人群。唱戏的戏台前摆着排方桌和椅子，供有钱有势的人坐在桌旁，边品茶边看戏。谭师傅见有一张桌子旁还空着两个座位，他抱着小林散之，想坐上去观看。此时，桌子旁边坐着几个衣着光鲜的人，看见谭师傅一身短打，不像个有钱人的打扮，执意不让谭师傅坐。双方争执起来，小林散之吓得不敢吭声，只好把谭师傅紧紧抱住。谭师傅看多说无益，一手抱着小主人，一只手抓住身前的桌子的一角，轻轻举起，越过坐着的人头放到旁边，桌上茶杯、茶壶都安然无恙。四旁的人都看呆了，赶紧让出座位给谭师傅两人，再无多余闲话。

家中有这样一位武功高强的武师，小林散之就缠着谭师傅要学武功。谭师傅一直不答应，一是因为林散之自幼就非常顽皮，怕他学得真本领会闯祸；二是年龄尚小，怕学武跌了碰了受伤。有时被林散之缠得急了，就教他几个简单的架势，全当舒展筋骨锻炼身体，却始终不肯教他真功夫。林散之长大后，经常回忆起这位谭师傅，他也深受谭师傅的影响，坚持习武锻炼身体；晚年还学了太极拳，坚持不懈锻炼。正因为如此，虽然一生坎坷漂泊，几次遭受意外，但林散之一直活到九十二岁高龄。

林散之的伯父，从战场上带回来一匹战马，由于这匹坐骑曾经在战场上救过主人的姓命，得以归家养老。这匹马通体白色，无一根杂毛，体长丈二，奔跑如飞，通人性。林成兴有次作战，被敌箭射中，滚鞍落马，以为必死。此马见主人负伤，竟然立即躺下，让主人慢慢爬上马背，急起奔驰而去。敌骑紧追不舍，马跑到一条三丈宽的河边，奋蹄昂首，一纵跃过。追兵见了，只好作罢。

安全返营后，林成兴大难不死，以为必是神灵护佑，派此马搭救他。从此，林成兴爱此马如命，爱护有加。马老后，专门为这匹马派一个老马伕送它来江家畈养老。这匹马只认这个老马伕，其他人不敢靠近；若是靠近，则又踢又咬。后老马伕病故，此马哀鸣不已，不吃不喝，三日而终。家人感佩老马的忠诚，就将此马葬于马伕墓旁。

第三节

美术天赋

林散之小时候,家人对他的印象,一是沉默寡言,二就是顽皮捣蛋。林散之的顽皮,远远超出一般男孩子顽皮的程度,有点"傻大胆",玩疯的时候,经常干出一些出格的事情。与众不同,也许这也正是他长大后成功成家的特质,从小的时候就显现出来。

林散之父亲有一位好朋友,名叫曾梓亭。此人为人正直,饱读诗书,是一位在地方上颇有声望的绅士。有一天,他骑着骡子,去林散之家拜访林父。到林家后,曾梓亭把骡子拴在门外的大树上,到后堂找林散之的父亲聊天去了。这匹骡子,曾梓亭花了整整五十两银子才买来。骡子毛色纯黑,乌光发亮;尤其一条粗长的尾巴,跑起来飘举飞扬,显得十分潇洒。曾梓亭走亲戚、上集镇、赶庙会，都要配上漂亮的鞍饰，骑上这头黑骡子。别人一夸他的骡子好，他就得意得笑起来，自以为是方圆百里内罕见的良驹宝马。如此心爱之物，平日里自然对它倍加爱惜，别人想摸一摸都不行。

巧的是，曾梓亭来访的这天，林散之正和一群年龄相仿的小伙伴在门前玩耍。他们在打谷场上打扮起来，表演行军打仗，有的手拿棍棒，权当是斧钺钩叉；有的戴着大人的帽子，扮演文官武将。林散之跑过来，发现家门口拴着一头骡子，长尾巴甩来甩去，赶着身边的蚊蝇。林散之突发奇想，这要是把尾巴剪下来做髯口，得多么威风啊。

想到这里，他飞奔进屋，找出一把剪刀，吆喝小伙伴把骡子从树上解下来。几个孩子一边牵着骡子一边为其搔痒，把骡子哄到大门口。林散之把大门虚掩，仅留一条门缝，夹住骡子的长尾巴，然后小心翼翼用钩子钩起骡子的尾巴，用剪刀把尾巴上的长毛剪了个干干净净。剪完后，孩子们又偷偷摸摸将骡子拴回原处。林散之拿到骡子尾巴，兴高采烈地用树枝编成髯口，和一群孩子叫着嚷着继续表演打仗去了，谁也没想这事会有什么后果。

等到曾梓亭吃完晚饭，与林散之父亲拱手作别时，出门发现自己的骡子只剩下一条光秃秃的尾巴桩子，骡子的神情也变得沮丧，威风顿失。眼见自己的心爱之物变成如此模样，平素稳重风雅的曾梓亭急得顿足大呼："我曾某得罪了哪个？这是谁干的？这简直是用刀子捅我的心！"林父见状，心里大概有数了，又羞又气，二话不说，随手摸起来一根棍子，直奔屋后去找林散之。

此时的林散之正戴着骡子尾巴做的髯口，站在土堆上扮演关羽关云长耍大刀呢。林父几步奔过去，一手牢牢抓住林散之的胳膊，一手高举棍棒，结结实实打在林散之身上；一边打，一边嘴里大骂。周围的小伙伴见状，吓得四处奔散。幸好，跟过来的曾梓亭看见，极力劝阻气急败坏的林父，劝道："成璋，住手吧，你儿子的命要紧，还是我骡子的尾巴要紧？"随后赶来的家人也帮着劝，折腾半天，林成璋才消了心头怒火。此事后来成为家中议论许久的笑谈。

林散之很小的时候,就表现出强烈的美术爱好和美术天分。家中无人会绘画,林散之纯粹出于一种原始天然对美的追求,三岁多就喜欢在地上、墙上写写画画;大一点,经常抓着毛笔在纸上涂鸦。他四岁时的一个晚上,其父坐在床边桌前记账,母亲怀里搂着林散之,围坐在被子里做针线。林散之不肯睡觉,见其父记账完毕后出去了,高兴地从母亲怀里钻出来,踩着板凳,将账本子打开,抓起记账的毛笔开始画了起来。母亲光顾着做活计,哪里知道他正在闯祸。等到其父亲回屋,发现刚刚记完账的账本子已经密密麻麻被儿子画了许多小人、小狗。父亲哭笑不得,气得转身就去找鸡毛掸子,意欲打他一顿。母亲爱子心切,看见儿子又闯祸,只好赶紧起床,抱走儿子了事。

林散之小的时候,喜欢观看艺人的泥塑表演。这种民间工艺,流传于大江南北,深受民间百姓的喜爱。看得多了,林散之也模仿艺人,自己动手塑造各种形象。为了给作品增色,他最喜欢拔取公鸡身上的羽毛,插在自制的小泥人头上,还给各种人物取上名字。整个村上,只要哪家有好看的公鸡,他总是千方百计地要把它捉住。时间一长,不管谁家的公鸡,一看见林散之跑过来,保准吓得一溜烟跑远。

眼看着抓鸡越来越难,林散之也有办法,他效仿渔民卡鱼的方法,自制了一种抓鸡的套子:用一寸多长的小竹签,削成两头尖中间粗,再把两个尖头弯合在一起,插在一颗用水泡软的麦粒上,这就成了一个陷阱。林散之故意将几个套子绑上细线,撒在鸡群觅食的地方,然后隐藏起来,静等公鸡上当。只要公鸡去啄食麦粒,机关就立即张开,卡住公鸡的嘴,跑不掉,叫不出,只能束手就擒。林散之抓住公鸡,三下五除二,把最长最漂亮的鸡毛全拔下来,拿回去做他的泥人。村里人一看见哪只公鸡变成了"秃尾巴鸡",马上就会说,这一定又是林家"小五子"干的好事!

林散之真正因为绘画被家人和乡人认识,是在他十岁时候发生的一件事。这一年过年前,一位亲戚家有喜事,要娶儿媳妇,发请柬邀请林成璋来喝喜酒。

亲戚家住庆家窑,和江家坂一河之隔。由于要去几天,夫妻二人不放心林散之独自在家,就带上他一起过江贺喜去了。临行前,林成璋反复嘱咐林散之,在亲戚家一定要听话,守规矩,谨言慎行,不许顽皮。林散之高兴极了,满口答应。

到了亲戚家,自然是热闹非凡,亲朋好友互相问候,觥筹交错,不醉不休,直到深夜,客人们才各自安息。热闹了一整天的宅院,此时才安静下来。就在众人都休息睡觉的时候,林散之却偷偷溜到了院子里。吃了一天的喜宴,没有同龄人玩耍,他觉得无聊,跑去院子里散心,一抬头,被院子里一堵新粉刷的白墙吸引住了。林散之眼珠一转,想出了一个"好主意",他也要给亲戚家的喜事献上一份"贺礼"。

说干就干,林散之跑到灶间,找到瓦工粉刷锅灶用的黑灰,用水调好盛放在碗里,又在院子里捡起一把刷"喜字"的刷子,爬到桌上,在雪白的墙上画了一头和真毛驴一般大小,精神抖擞、昂首嘶鸣的大黑驴。画成后,他退后几步,得意扬扬地欣赏一番。他心里想,明天大家看见,一定都会大大地夸赞他的驴画得好!于是便安心上床睡觉去了。

第二天早上,主家看到墙上这头驴,大为吃惊,却都异口同声地说,这头驴画活了,只是大喜的日子,画头驴有些不伦不类。正当大家议论纷纷之际,林散之的父亲听说了,他跑出来一看,脸色立即变得煞白。林成璋走过去,向主人说:"实在抱歉,这定是我那不肖的儿子干的,他平日里就喜欢画这些东西,只是实在没想到,这个孽障竟然敢做出如此出格之事,我这就去收拾他!"主人见林成璋生气了,忙哈哈笑着说:"不妨事的,你儿子有如此才华,虽然调皮了些,但也不要责罚他。诸位看看,这头驴在我乡有谁能画得出?难得少爷这么精灵,这墙马上重新粉刷就是了。"林成璋见主人打圆场,只好一再道歉。事后,他把还在睡梦中的林散之揪起来,亲自陪着,又去给主人道歉。

回家后,林成璋罚林散之跪下,狠狠责打了一顿。打完后,林成璋当着全家人,大声斥骂:"我这一房只有你这一个儿子,将来顶门立户,全倚靠你,你这样

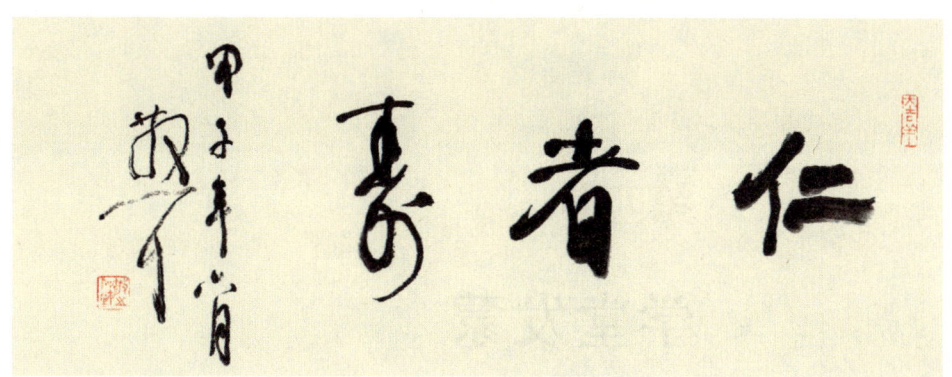

林散之作品

顽皮不争气,真气死我了!你何时成器!何时成器!"母亲吴氏垂泪求情,对怒气冲冲的丈夫喊道:"不要打了,不要打了,小五子以后改啦!好好读书,要争气……"此事过后,林散之因为毛驴画得栩栩如生,被周围十里八乡传为美谈,都知道了他擅长画画的本领。

第四节

学堂发蒙

　　1904年，林散之六岁，到了上学的年龄，家人将他送进私塾，开始发蒙读书。私塾离家很近，就设在林氏宗祠里。占用宗祠的私塾，条件可想而知的简陋，私塾里也只有一位老师，名字叫林昌志，是林家族人。林散之入学的时候，林昌志已经五十多岁。但按辈分论，他属于林散之的子侄辈。

　　林昌志留着花白胡须，架一副老花镜，一条腿有些跛，走路一瘸一拐的。林老师本人很有学问，读书很多，但教学方法是典型的灌输式旧式教育。正是在这里，林散之开始了系统的知识学习。到他十三岁离开时，他跟着林老师学习了七年，读完了《百家姓》《千字文》等发蒙教材，接触了一部分儒家经典，比较系统学习了《左传》《古文观止》《诗经》《毛诗》《唐诗》等古典典籍。

林散之虽然顽皮，但很聪明，思维敏捷。七年的时光，他学会了基础的作文、属对和作诗。林散之在其《诗稿自序》中，曾经记载过这七年的私塾学习："余少也钝，六岁入塾，读《毛诗》三年不能卒业。然于盛唐诸家诗，心窃好之，好而读，读而爱心生。师授以唐诗三百首，喜而藏之，无事即吟，久之成习。又授沈约四声之法，并教以属对，先一字、五字、七字，从此粗知诗之所以为诗矣。"

进入私塾后，林散之还开始跟着林老师习字，最初从描红入手，继临颜、柳名碑，学习楷书。到十二岁的时候，林散之的字已经学得像模像样，过年的时候能为邻居写春联。林散之还保持了对美术绘画的兴趣，课余经常写生，他最喜欢钩摹《绣像三国演义》和《绣像水浒传》中的人物，不断提高对构图和笔法的运用能力。

上学的祠堂，是个四合院，后进三间正厅，供奉林氏祖先牌位，两边是厢房；前进三间用作厨房、过道和堆放杂物。因祠堂空间较大，本族的许多老人都把寿材存放在这里。当时的风俗就是在活着的时候把棺材做好，称为"寿材"，每三年上一次油漆。私塾设在祠堂内，不得不与这些寿材为伴。好在孩子和教书的先生都习以为常，没觉得有什么不妥。平静的学习生活每天在祠堂上演，直到林散之搞出一场"恶作剧"为止。

林散之进入私塾不久，很快就与先生和同学们混熟了，他学习很用功，进步也很明显，在一起读书的学生里是佼佼者。但是，林散之很小就有不安于现状的天性，每天单调乏味的学习，让他感觉压抑。有一天，林散之把在家提前准备好的道具拿出来，躲在隔壁的厢房里，把自己打扮成一个"鬼样子"，他想吓唬一下迂腐的林先生和胆小的同学，给学习生活找点乐子。这个道具，是一个用竹篓做成的"鬼面具"，外面糊上白纸，用颜料画上了绿眼睛、黑鼻子、倒竖浓眉、剑戟般的胡须；嘴的部位挖了个洞，涂成红色的血盆大口；口中还拖出一条又长又大的鲜红"舌头"，吹口气，"舌头"便飘动不止。

戴上鬼面具,林散之躲在一口寿材后面。不一会儿,当上学的孩子们陆续走进来,林散之一手用木棍猛敲棺材板,一手用破蒲扇扑打着,嘴里发出凄惨的嗷嗷怪叫,吹动"舌头",手舞足蹈。孩子们一见,吓得魂飞天外,没命地向外边跑边哭喊:"闹鬼了,有鬼啊!"老师林昌志听见,慌忙从藤椅上站起来,一瘸一拐地奔过来,见学生们在院子里狂奔乱叫,大声呵斥:"胡闹,大白天有什么鬼!赶快给我滚回学堂去读书!"孩子们七嘴八舌告诉老师真有鬼,有些胆大的,拉着林先生的手向祠堂走去。

躲在暗处的林散之,看见同学吓得四散奔逃,正在暗暗得意,忽然听见老师的声音,想跑已来不及了,只好一不做二不休,索性把身体藏到棺材后面,只露出一张鬼脸,嘴里大叫,手上乱打,猛吹红红的长"舌头"。林昌志见状,吓得发昏,急向外跑,未跑几步就瘫在地上,浑身如筛糠一般发抖。几个较大的孩子七手八脚搀起他来,架着他赶紧跑到村上。躲在门后的林散之看见,意识到闯了大祸,想了一下,迅即摘去"鬼脸",从旁门一溜烟跑回家去。

很快,祠堂闹鬼的消息传遍全村。林先生把事情告诉村民,大家知道林昌志是个老夫子,平时从无戏言,而且众学生都是亲眼所见,所以皆深信不疑。有人说是学生在祠堂戏耍,惹得祖宗发怒;还有人说是风水不好,需要做法辟邪。商量半天,派人到乌江镇买来香烛纸马,村民和老师来到祠堂,虔诚地焚香跪拜。祠堂的学生们也一同随众人跪拜,祈求林氏列祖列宗的神灵赦免无知顽童的骚扰,赐福保佑。

林散之此时也夹在人群中磕头作揖,他自己做的事情,自己当然知道,但为了逃避责罚,也只能跟着装模作样地跪拜。大家煞有介事虔诚焚香祷告,谁也没有怀疑到是顽皮的"小五子"演出这幕恶作剧来。后来,林散之将此事告诉了妹妹,否则,这则闹鬼的事情,没有人知道是他做的"好事"。

学堂上课的时候,只有林昌志一位老师,但学生却很多,未免有几个顽皮的孩子影响上课的纪律。林先生对这些学生很凶,常常是罚站或者打手板。他有一条竹鞭子,上课的时候就拿在手里,看到哪个学生睡觉或者是背书背不下来,小鞭子马上会打到学生的手上和头上。林散之因为顽皮和书没有背熟,曾经挨过几次林先生的责打。他心里盘算着,如何用他绘画的才能,回敬一下他的老师。

有一天早上,林散之像平常一样和同学摇头晃脑地念书,但眼睛却不停斜瞅着老师的桌子,他知道,将要有一场好戏上演。不一会儿,林昌志一瘸一拐地来了,在桌旁坐下后,习惯地泡了一杯茶。林先生看了看读书的学生,听见朗朗的读书声,眯缝着眼睛,露出满意的神情。他坐在竹躺椅上,拿出水烟袋,心满意足吸了几袋烟、喝上几口茶,一如既往地翻开放在桌上的《辞源》琢磨起来。这是一部阅读古籍和做学问时不可或缺的工具书,林先生每天都要翻阅,一是每天养成的习惯,二是将要教给学生的古文典籍梳理一遍,生怕有些不清楚的地方,在教学中卡了壳。

翻着翻着,林昌志突然发现,一条四五寸长的"毒蜈蚣"趴在书页里,头部大红,背部暗绿,腹部淡黄,多足的身躯,活灵活现。一时间吓得他面目失色,大叫一声,把《辞源》摔在桌上,急速脱下一只鞋,惊慌地向着大"蜈蚣"猛打猛抽。可是,任凭他再怎么打,那条"蜈蚣"既不挣扎,也不变形,安然无恙。他有些怀疑,扶正了眼镜,凑近过去仔细地观察,却原来是一条画在硬纸片上的假蜈蚣!

看着老师的狼狈样子,读书的学生们不由得哄堂大笑。林散之更是笑得捂着肚子前仰后合,"别有一番喜悦在心头"。这是他前日精心描画的一幅"杰作",早上上学的时候偷偷塞进了先生的《辞源》里,就是想让林昌志吃点苦头。老师当然知道是谁在戏弄他,也只有林散之能画出这么栩栩如生的蜈蚣来。但他这次并没有追究,或许他已经感觉到了不该对林散之责打,也或许他觉得自己的学生能画出如此以假乱真的蜈蚣,也是一个不小的才能。

虽然顽皮,但林散之在村塾读书期间,还是学到了真才实学,系统掌握了文章写作和作诗作文的本领。林先生是他的启蒙老师,引领他进入了国学瑰丽灿烂的世界,启蒙了他习字的生涯。林散之在私塾学习期间,选用了北宋大文学家范仲淹的一句名言:"不及,非人也!"作为自己读书的座右铭。意思是说:如果读书比不上别人,自己就不能算是一个真正的人。在他以后的学艺生涯里,他也一直秉持这个原则,就是不管走路、读书或是做事,都要赶上并超过走在自己前面的一个人;赶上或超过一个目标以后,他又要选择下一个目标,然后进行新一轮的赶超。这种习惯几乎保持了一生。从幼年时期的顽皮中往往表现出了他对艺术的爱好和相当的创作才能,而且具有一股为实现自己的愿望会不顾一切的"痴劲"。这种性格对他后来能不畏一切艰难险阻、终生顽强不息地攀登艺术高峰,可以说是一个极重要的内在因素。

第五节
父亲去世

　　林散之出生的时候,其大伯父已经去世,家族的产业由其二伯父总揽大权。林散之的二伯父,平日里喜好舞刀弄棒,曾经跟着护院的谭师傅学过不少武艺。他性格专横,家里的事情都是他一人说了算,从不与林成璋商议。

　　林散之的父亲林成璋,本就为人谨慎,性格比较柔弱。大伯父去世后,生前留下的产业坐吃山空,没几年就只剩下一个空架子。看到这种情况,林成璋也曾经劝谏过二哥几次,希望他能以大局为重,把精力放在家族产业经营上,保障大家庭的生活。怎奈林成璧根本不听他的,凡事都是独断专行。时间一长,总是笼罩在哥哥阴影下的林成璋心情抑郁,竟然慢慢生了一场病。得病后,他为了逃避二哥的专横跋扈，也怕自己万一病不好有个好歹，留下孤儿寡母，肯定会受欺负。林成璋下了决心，提出分家单过。就从江家坂大宅搬到距江家坂约一里的营房边一座旧"庄房"去住。

新家地方不大，有两进房屋；每进四间，加上厢房，共有十间。虽远不如江家坂大宅那般气派，但前场后园倒也宽敞。这里原本是林家佃户居住的地方，自从林成兴死后，林成璧持家无方，大家庭很快衰落，以致不得不变卖田产度日。田产变卖了，佃户也搬走了，这座庄房便空了出来。

庄房紧靠着缑山，周围杂树密处，一条溪水，清澈见底，从房前蜿蜒流过。再往前走，是一片肥沃的田野，阡陌纵横，葱绿宜人。站在缑山上，放眼望去，长江如带，隔江可以看到连绵的青山，云烟缭绕。虽然没有大宅气派，但较大宅清静，是一个很好的居处。这座宅院，后来被当地政府修复，1988年辟为林散之故居。

年纪尚幼的林散之来到新家，他非常喜欢这个住所。此处环境优美，有许多在原来大宅院里接触不到的玩伴，屋前有小河，可以摸鱼摸虾，不远处还有一座小山。大宅虽然气派，但在那里缺少平等，没有自由，终日笼罩在二伯父的威严之下。分家后，林散之就很少回到江家坂大宅，他常常想起护院的谭师傅，想起那匹威严的大白马，以及孀居的从山西来的大伯母。林成兴去世后，大伯母因为口音关系，平时很少和人说话。她曾经育有一个男孩，可惜很小的时候夭折了。整个大家族里，没有多少人去特别亲近她。林散之是这个家族中最小的孩子，又因为仰慕大伯父的为人，就特别对大伯母有一份感情。每当他回到江家坂大宅的时候，林散之总是要去专门看望大伯母。而大伯母，对待他也很热情慈祥，总是要拉着他的手，问长问短，还把好吃的东西拿出来给他吃。大伯母一直就住在江家坂大宅，活到八十多岁才去世。

分家后，林成璋带着老婆孩子搬了出去，但经济上还是要仰仗老宅，一切生活用费仍从二哥手里支取。这种仰人鼻息的生活，虽然搬出来单住，仍然使林成璋闷闷不乐。他只能寄希望于林散之，希望自己的儿子能早日长大，学一身本领，早日撑起这个家。

1909年的夏天，由于持续多日的大雨，长江水位不断升高，长江水破了圩，一直淹到江家坂大宅门口，放眼一片汪洋。大人们为严重的水灾而日夜唉声叹气，愁眉不展，唯恐发生大灾。孩子们却兴奋异常，聚在一起在门外捉鱼摸虾，玩得不亦乐乎。此时，林散之的父亲生了一场病，医生来看后，开了药方。由于发洪水，家里的大人没有时间去乌江镇上抓药，吴氏只好安排林散之，要他带着处方到乌江镇去取药。

本来去乌江，有一条大路可走，很方便。由于发大水的原因，陆路被水阻隔。为了尽快赶到镇上，林散之决定冒险走水路，抄近路走捷径。他学着村里大人的样子，借来一只渔盆当作舟船，带着一把伞和一根竹竿，撑开雨伞代帆，以竹竿代篙代舵，摇摇晃晃地向乌江驶去。这种渔盆，当地人也称腰子盆，仅可容一人在内，长江一带的人们习惯于用这种盆在水上捕鱼、采菱角、放鸭子。由于渔盆容积小，重心高，不经过训练的人，很容易在水中翻覆。

林散之此时才只有十一岁，平日里也没有受过训练，只是由于着急赶路，凭着一种执着和冒险的精神，撑着大盆向乌江镇驶去。他出发不久，邻居觉得此事有风险，就将这件事告诉了他的母亲。吴氏听到后大惊失色，嘴里叫苦不迭。发大水的年份，沟塘河坝都是满满的水，水网地区的儿童很容易在这期间出事。如果小五子有个闪失，她如何向林家交代，他是这一房的独苗苗啊！她哭着央请熟悉水性的村民去帮助追赶，千万将孩子截回来。村民驾着一条小船，沿着水路一路追去，一直追到乌镇，才在药铺里看到正在配药的林散之。吴氏在家心急如焚，一直倚门遥望。等见到乡民用船把孩子平安载回，又惊又喜，抱着林散之痛哭不止。这件事发生后，吴氏后怕不已，此后，家里再也不敢让他去抓药了。

1911年，由江家坂搬出来后的第二年，林散之的父亲终于因为疾病医治无

林散之作品

效病逝。临终前,林成璋将自己的两个女儿叫到床前,流着眼泪托付她们:"我的病已经医无可医了。唯一不放心的就是你们的弟弟,你们只有这一个弟弟,一定要尽力帮助他成人……"说着,望着站在旁边的独生子,嘴唇颤动着,一句话也说不出,泪如雨下。林散之跪在床前,号啕痛哭。他知道他的父亲是带着多么殷切期望的心情和巨大的痛苦离开了人间!

第二章

求师经历

QIUSHI JINGLI

第一节

南京学艺

　　父亲去世后,林散之伤心难过了好久。在他的回忆里,父亲和他交流不多,由于顽皮贪玩,父亲对他的管教也比较严格。但是,父亲不在人世,林散之才知道自己失去了最坚强的依靠。孤儿寡母,在大家庭中备受欺凌,昔日的亲朋也逐渐冷淡。十四岁的林散之,第一次真真切切感受到人情的冷暖和人性的复杂。

　　他想念父亲,想念有父亲照顾的日子,尤其是想到父亲对他的期望,心中倍感酸楚。有一次,父亲还生着病,在房间里与访客交谈,林散之无意中经过门口,听到父亲和客人正在议论自己。在谈话中,父亲对林散之画画的才能颇为自得,对客人说如果能有良师教导,假以时日,日后定能成为成功的画师。

这次无意中听到的谈话,使林散之对父亲的印象改观很大。平时,父亲是不支持他画画的,也从未当着他的面夸赞过他的绘画技艺。却原来,"知子莫若父"。父亲其实一直都理解他的心意,也因为他的才华而感到自豪。如今,父亲撒手人寰,再也看不到自己画画了。

失去父亲的悲伤,人情世故的变化,使得这个少年好像一夜之间长大了许多。他开始认真考虑起自己的前途和未来的生活。自己能做什么呢?做一名农夫渔民?自己年纪尚幼,根本没那个体力。做生意经商?一是自己对生意毫无兴趣,二是做生意总需要本钱,哪里去找?经营家族的祖产?更不可能了,二伯父总揽家族大权,如今自己的父亲又已经去世,怎么会有自己的机会?

想来想去,林散之觉得,只有学点手艺,先能自食其力,才好从长计议。恰巧,当年曾经被他把骡子尾巴拔掉的曾梓亭,是其父亲生前的好朋友。曾梓亭有一位朋友叫张青甫,在南京以画人像为生。曾梓亭很清楚林散之在绘画上的天赋,认为其子日后会有成就,他找到吴氏,建议让林散之去南京,跟着张青甫学画人像。

吴氏很尊重曾梓亭的意见,也很希望自己的儿子能学到一门谋生的手艺,她请曾梓亭选一个日子,带上林散之,去南京学习画像的手艺。南京离乌镇只有一百多公里,并不是很远,可是吴氏却担心得很:儿子还不足十三周岁,缺乏社会人情的历练,第一次远离家门离开自己,当妈的哪能放心。临行前,吴氏千嘱咐万叮咛,告诫儿子一定要好好学艺,要有眼色别偷懒,要注意饮食起居别生病。林散之带上四季换洗衣服,打上一个小包裹,给母亲磕了个头,母子俩洒泪而别。

曾梓亭带着林散之,走完水路走旱路,一路向南京赶去。他的这位朋友张青甫,店铺开在南京评事街绫装巷的东头,紧靠着大街,家则在巷子的西头,平日里早进店,晚归家。林散之到了之后,说明来意,靠着曾梓亭的面子,事情倒很是顺利,张青甫一口答应了下来。画像店不大,临街而立,门口挂了个招牌,白天师徒二人在店里忙活,夜晚由林散之看守店门。

初到的几天里,林散之在店里很不习惯。一是他从未离开过家,如今一人在黑夜里守着一间房子,恐惧和孤独是难免的;二是画像店由于临街,到了晚上老鼠很多,甚至还有黄鼠狼出没,寂静的夜晚里搞出种种骇人的声响。林散之害怕极了,只好用被子蒙着头,整夜不敢睡觉,只有在天快亮极困倦时才能入睡。后来渐渐习惯了,才稍微好些。还有一次,当地的死囚犯行刑,囚车正好从店前经过,林散之到了夜里,只要闭上眼睛,一个血淋淋的人形就好像站在他面前,他被吓得浑身湿透,一夜不能入睡,第二天就开始发烧,病了好几天才好。

按照事先的约定,学艺期间,学徒的伙食自理。林散之为了节省,每顿饭只以小咸菜佐餐。偶尔买一块豆腐干或者半碟花生米,已经是很奢侈的美味。同村人沈长全来南京贩米,顺路来看望林散之,见到他的饮食这样清苦,想到成璋遗此子,生前是多么珍爱视之如命,今天却因大家庭虐待沦落至此,心生怜悯,临走时给了林散之两块银圆,以稍稍改善他的生活。林散之自出门学艺以来,已经深知谋生不易,想到家中的母亲和姐姐一定也是省吃俭用供他学徒,哪里舍得花这两块银圆。他用线将银圆缝在内衣里,密藏起来,想着探亲回家之时,亲手交给母亲家用。

在画店里,林散之主要做打杂的工作,每日扫地、擦桌子、冲开水和接待客人;有时还要去张青甫家做杂事,或是担水、或是劈柴,时刻不得闲。白天忙忙碌碌一天,到了晚上店门一关,林散之才有真正属于自己的时间。他点起昏暗的油灯,按照白天师父教的,学习如何绘画人像。在那个时代,照相术没有普及,照一张相片是非常奢侈的一件事情,老百姓若想留下影像,大多找画像师傅手绘。因为如此,这项职业还是很有市场,完全可以谋生。林散之将练习的摹本摆在纸下,照着九宫格子学放大,一步步用炭笔勾绘人像各部轮廓,最后学画光暗部分,增加人像的生动传神。在南京期间,他每晚都勤奋临摹到深夜,学艺长进很快。

张青甫一开始以为林散之就是个还未长成的乡下孩子,因受朋友所托,不好拒绝,也就应承下来。但时间不长,他就发现林散之画人像、勾轮廓、对光影的掌握都很熟练,尤其是用笔很娴熟。又见林散之写得一手好字,顾客画像要题字的,这个小学徒不论真草隶篆,都写得像模像样。张青甫内心暗暗吃惊,也非常欢喜,觉得孺子可教。他除了教授画像之法,也开始认真教林散之起稿用笔诸法,并教工笔画。林散之学得很快,为了巩固张青甫所教的知识,他还利用仅有的一点闲时间去逛旧书摊,买了许多《人物十八描》《画人像三百法》《传神秘要》等诸如此类的书,仔细阅读临摹,结合自己所学细细琢磨,进步很快。

时光飞逝,林散之在南京学艺已经一年有余。如果一切顺利,再有一两年,他就可以出师,自己开个店挣钱了。可是,1913年春天,由于居所卫生条件差,加上长期节衣缩食营养不良,林散之患上了脓疮病,一开始只有一两个,很快就蔓延到背上、腿上。此时的林散之已经离家很久,对母亲也甚为思念。于是,林散之向张青甫请假,回家治疗,顺便探望母亲。

回到乌江镇后,吴氏看到儿子患上了脓疮,满身脓血,目不忍睹,心疼不已。林散之拆开内衣口袋,掏出保存了一年的两块银圆,交给母亲,并将钱的来源一五一十讲了一遍。吴氏听后,看着骨瘦如柴的儿子,一把将林散之揽入怀中,母子二人抱头痛哭。吴氏哭着说:"此去南京,吾儿几将丧命,待病好后,勿要再返南京处,安心在家读书写字,日后或教书馆,赖以糊口足矣。今再别无所求,唯愿汝能陪在身边,吃糠咽菜,也胜过母子分离。"林散之是个非常孝顺的孩子,看见母亲如此伤心,也就听从了母亲的劝告,不再继续学习画像,安心留在家中。

林散之晚年,经常说自己的书画生涯,全仰仗曾梓亭先生的最初提携。这句话,应该就是指这段金陵学艺的经历。可见,在南京学习的一年多,林散之很好地开阔了眼界,增长了见识,打下了牢固的书画基础。

第二节

诗集问世

　　由于染上疮疾,林散之从南京返家休养,前前后后半年多,身上的脓疮才算好利索。病好后,林散之安心在家读书,陪伴在母亲身边。当时,林散之和母亲的经济状况非常拮据。父亲去世后,二伯父对整个家族的支出控制很严,加上没有什么进项,坐吃山空,林散之一家过得很清苦。每月月初,二伯父只给林散之家一点口粮,用费分文不给。大姐、三姐出嫁,四妹、五妹年纪尚幼,母亲带着三个孩子,没有一分钱的收入,只能省吃俭用勉强度日。

　　林散之回忆那段岁月,记忆里全是艰难生活留下的印记。母亲在屋后开了一小块菜园,养了几只鸡,下的鸡蛋用来换取油、盐。每天只吃两餐,炒菜的时候用油擦一下锅,一斤油要吃一个月。有时候收了几个鸡蛋,母亲心疼儿子读书辛苦,为补养他的身体。偶尔煮上一个鸡蛋,就是难得的珍馐美味了。至于平日的衣服被褥、看病抓药,这些钱全靠出嫁的两个姐姐帮衬。

林散之的大姐,嫁给了当地一个富户,其丈夫名叫范期仁。虽然家里很有钱,是邻近几个县中数得着的大富户,但由于丈夫为人吝啬,很少拿出钱来资助林家。大姐先后几次希望能拿点钱出来帮助下娘家,但范期仁都没有答应。没办法,林散之的大姐有时趁着范期仁数钱的时候,偷偷在一边拿走几个银圆,借着回娘家探亲的机会,交给母亲,贴补家用。

三姐出嫁后不久,其丈夫因病去世,她年轻守寡,没有儿女。幸好丈夫去世的时候留下一部分田产,经济上还算宽裕,也能偶尔资助下娘家。一次过年回家,三姐交给母亲三十块银圆,以改善生活。这笔钱,可够林家一年的生活用费。但年后不久,林散之全部带到南京,想去买他渴盼已久的书籍,不料半路被小偷全部偷去。林散之失魂落魄回到家里,心情抑郁,郁结于心,一病不起。三姐得知后,舍不得弟弟太伤心,赶紧又卖了三十担稻谷,将卖粮的钱又补给了弟弟。林散之对此事念念不忘,将三姐视为救命恩人,时常提起。过了几十年,当其三姐老了之后,林散之在自家旁边盖了三间瓦屋,把她接来居住,殷勤伺候,并帮她抱养了一个养女,招了女婿,为其养老送终。

几个银圆,对大户人家不算什么;对林家来说,就解决了很大问题。林散之在家读书时的笔墨纸砚、买的书籍碑帖,全靠大姐、三姐的资助。林散之很懂事,明白家贫自己更加需要努力的道理。尤其在父亲去世后,他有了强烈的责任感,告诫自己要早日负担起养家的重担,于是读书就特别努力,学习非常勤奋。母亲有时叫他多休息,注意身体,可他嘴上答应,但很少浪费时间,早起晚睡,读书写字,作画作诗,夜以继日,废寝忘食。冬日夜里困倦,就用冷水洗手洗脸,或用手拧腿,以驱睡意。夏夜蚊虫多,他就把两腿放在桶里,上面罩一块纱布,既防蚊又凉爽。其努力用功,颇有些古人头悬梁、锥刺股的劲头。

也是在这个时候，林散之开始自号"三痴生"。关于此号由来，有人说元代有黄大痴，清代有王二痴，意谓乌江林散之是第三痴；也有人说："痴于诗书画，故号痴。"在他十七岁作的《自慨》诗有句云："生平为癖诗书画。"这可能是他当时取此名的主要想法。

既是痴迷，当与常人大不同。林散之认准了这个道理：历史上有成就的人，没有一个不是从刻苦中磨炼出来的。学而后能，未有不学而能者。学无止境，他总是策励自己，永远不停地前进。

为了能够更好地学习，林散之在家读书的两年，还先后拜了当地著名的两位学者为师，一是范柳堂，一是范培开。他随范柳堂学习作诗作文，跟范培开学习书法。此二人，皆为当时乌江镇有名望、有才学的读书人。乌江文风甚盛，历史上就出了许多大学问家和大文人。唐代张籍，宋代张孝祥、张即之，清朝戴敬夫、戴孝本皆为乌江镇附近人士。

范柳堂名期宪，前清廪生，擅长工笔仕女画，画有《天女散花》《嫦娥奔月》《昭君和番》《贵妃醉酒》等四美图。林散之除跟随范柳堂学文章，还曾向其求教绘画，受其熏陶，学业大进。范培开（1870—1925），字朗轩，号遮浪山人。安徽和县乌江人，少时家贫，然而天资聪颖，勤学好问，师从含山张栗庵、乌江范柳堂，学习诗文书画。素精岐黄，工书尤力，五体皆备，尤其是隶书、草书写得极好。

林散之以习作诗文请范柳堂批改，潜心求教。范柳堂看过林散之的习作，评价甚高，说林读了不少书，基础好。写的文章贵在根基正，不好的地方在于稚嫩，不能恢宏博大。他要求林散之要多闻、多识、多读、多思、多做，写文章要厚积薄发，取宏用精。他为林散之开出书目，循序渐进多读《文选》《经史百家杂钞》《古文词类纂》《饮冰室文集》等。范柳堂知道林散之家庭贫苦，还再三鼓励说："哀者必胜。"大凡有成就的人都是在困顿中挣扎出来的。

范培开精习唐碑，对二王的笔法研究很深，是当地非常有名气的书法家。他尤其擅长狂草，曾经在上海卖过字，日本报刊曾作过介绍。后回乌江行医为生，写字酬世。范培开与林家有姻亲世谊关系，见到林散之的作业，认为十五岁的少年能写得如此秀媚遒逸的行楷，实属不易，遂悉心传授书道。

范培开先教他执笔之法，双钩悬腕，笔笔中锋。并教他先从唐碑入手，继而上窥魏晋及宋以后诸大家，遍临百种碑帖，博采众长，然后自然酿成一体。林散之随范培开学习，第一次摸到了书法的入门，真正接触到了书法的精髓。他说："我从范先生学书法，得益颇大。我用悬腕写字全亏范先生的教导。本来我写字是伏在案上，全用笔拖，不懂也不敢悬腕。从范先生学书后方得悬腕之法。悬腕才能用笔活，运转自如，学楷书之后，应由楷入行，不能一步就入草书。不然，易于狂怪失理，钉头鼠尾，诸病丛生。"

1914年9月，林散之还未满十六周岁，他将平日习作诗词一百余首装订成册，名《三痴生吟稿》。封面是林散之用正楷书写的《古棠三痴生吟稿》，下钤自刻印章"三痴生"。第二页是他用正楷书写的自己当时的名字"林霖"，下钤自刻印章"痴墨"。封底用行书写"甲寅九月十三日午时"。

从这本诗册可看出，林散之十六岁时的诗词和书法都已达到相当高的水平。大家风范，初见端倪。范柳堂对其评语是"词旨清婉，用典贴切，凤鸣高冈，自非凡响"；范培开的评价是"将来必成大器"。从这本诗手稿还可以看出，这时林散之的书法已经开始形成自己风格的雏形。尽管林散之后来的书法不断变化，但基本风格面貌和青少年时期的字仍然是一脉相承的。

第三节

出任塾师

跟随两位范老师学习之余,林散之在家还做了两件事情,一是利用闲暇时间初建了"散木山房",二是学习武艺强身健体,身体大为改观。

林散之的家后面,是一处荒芜僻静的山坡地,有十余亩大小。林散之读书写字累了,就会一人踱步到此处,利用极简单的工具,开荒整治,渐渐辟出一块地来。他在荒地上种上桃、柿、松、竹及杂树,搭建起三间简陋的茅草屋。起初全为其闲暇休憩所用,后来招了两名学童,将此处作为授课之所。

茅屋虽然简陋,但地处长江岸边,靠山面水,风景如画。林散之将草屋命名为"散木山房"。"散木"出《庄子》语,意为自谦,谓自己为不材之木。这座"散木山房",日后改为江上草堂,成为林散之在乌江重要的艺术活动基地,他的许多作品都是在这里创作,并且与当时的许多文人大家往来唱和,共同探讨文学艺术。

由于自幼体弱多病,林散之十六岁的时候,渐感身体健康的重要性,于是便下决心习武,以强健身体,应付繁重的学习任务。此时,家里的护院师傅谭师傅已经去世,林散之找到邻村一名武师,以每月两块银圆的束脩,跟随老师学习武艺。他每天学一招半式,晚上睡觉前和早上起床后都要练习一番。白天学习困倦时,也要找一块空地,或扎扎马步,或打一遍套路。石锁、单杠,都经常练习,以增长气力,强筋健骨。

就这样,林散之经过认真刻苦锻炼,真就练出真功夫来。虽然身体还是瘦弱一些,但双膀运起气来,能顶得住别人用铁锤击打,身体也变得强健,不再多病。周围的邻居见林散之经常打拳练习,很是好奇,常常问他,你一个读书人,练这些有何用处?林散之回曰:"以增长气力,强健体魄。"

一个夏日的傍晚,一群青年农民聚在打谷场上,有的举石担、耍石锁,有的角力、比摔跤,好是热闹。恰巧,林散之吃完晚饭,踱步到此,正遇见这群年轻人在一起嬉闹。

一位年纪稍长的人看见林散之,嬉笑着说:"林家老五,怎么,你也要来这练练吗?"

周围人听见,哄笑起来。他们知道林散之平时都是在家读书画画,平日连田地都很少去,是个手无缚鸡之力的书生。

林散之笑笑,不答话。此时的他已经十九岁,身体长成,虽然身体精瘦,但林散之力气很大,一双眼睛炯炯有神。经过两年的习武练习,也学会了许多搏击武术之道。也许是年轻气盛,也许是想堵住这些人的嘴,林散之环视周围,走到碾压稻谷的石碌子旁,用脚蹬了几下。

几个年轻人围拢上来,有人大声说:"五哥,蹬得动吗?这石碌可有四百多斤重呢！"

"哈哈哈。"众人一起笑起来。

林散之不顾旁人的嘲笑，默默将衣服下摆撩起，扎成个腰带。他双足微分，摆一个马步，沉腰收腹，两只手牢牢把住石磙的一端。突然，林散之全身用力，将这足有四五百斤重的石磙直立翻滚，一口气没歇，连续使之翻了十几个筋斗，把石磙从稻场这一端翻到另一端才停下来。

众人目瞪口呆，全看傻了。他们万万没有想到，平时这个瘦弱、沉默寡言的年轻人，居然有如此气力！

这件事过后，村民再也没有人瞧不起林散之，都说"士别三日当刮目相待"，林家老五真是文武双全的人才。也正是从此时开始，本地人见了林散之，都尊称他为"林五先生"，这也是日后"林五先"名号的由来。

林散之习武健身，对他后来只身万里壮游帮助很大，不但屡屡化险为夷，还曾经见义勇为，救下过被歹人欺凌的游客。中华武术的运动韵律美、动静相宜的攻守之道，以及内练一口气的修为修养，还为他日后在草书上的惊世突破提供了精神意义上的借鉴。

前文说过，林散之居家读书，多受其大姐、三姐资助，方能心无旁骛，一心学习。1915年的时候，范期仁的一对儿女都已经长大，到了该上学读书的年纪。由于怕被周围的土匪绑架，怕孩子被"绑肉票"，出去上私塾不放心；请先生来家教私塾，又怕里外勾结，找不到可信任的人。思来想去，范期仁想到林散之，觉得这位内弟既有文才，可当儿女的家庭教师；又有武功，可看家护院。于是，范期仁以年薪一百银圆的高价，请林散之到他家当私塾先生。

林散之听说后，大为欣喜。一百大洋，对大姐夫家不算什么，对自己家那可是一笔巨款！如能成行，可解家中燃眉之急，也能让母亲、妹妹过得稍好一些。林散之将此事禀告于母亲知晓，母亲也很高兴，毕竟至亲，自己的儿子应该不会到那里吃苦。没几日，林散之将家中的事情安排妥当，如约到和县卜集大姐夫家里上课去了。

在大姐家,林散之除了给两位外甥上课教书,还经常帮忙记账。范期仁是个大财主,土地、生意都很多,他一有了钱就会买地,乐此不疲。自从将林散之请到家中后,每购田产,大姐夫再也不用请外人帮忙,而是请林散之帮他写契约。

第一次写契约时,林散之就得到了酬金八十银圆。林散之得钱后,喜出望外,什么也没想,当即将此巨款悉数汇到上海有正书局,邮购早就想买而买不起的新出版的书画册。范期仁知道后,跺脚大骂林散之是书呆子、败家子,活该一辈子受穷。他一个土财主,当然不明白这些画册对林散之意味着什么。林散之不为所动,等书画册到手后,视若珍宝,不忍释手。这些画册,均为当时印刷质量最高的珂罗版精印,有《宋元宝绘》和元四家、明四家、四王、四僧等画册,以及《龙门二十品》《淳化阁》《拟山园》《三希堂》等名碑法帖。林散之每日观摹临习,技艺大进,艺术境界和品位更上层楼。

第四节

得遇恩师

在姐夫家教书的两年里，林散之坚持读书作画，夜以继日，沉浸其中。他习字学习唐碑，以欧、虞、褚、颜四家为主；画画专攻人物，以仕女人物为主，多取材历史故事。大姐夫看见他如此痴迷用功，也不禁叹气说："真不愧叫三痴，我看你是真痴了。"精诚所至，金石为开。林散之如此痴迷书画，最终感动了大姐夫，为他介绍了一位难得的老师。

范期仁家住在卜集，离他家只有二里路的渔家网村，住着当时方圆几百里非常有名气的大学者——张栗庵先生。范期仁与张栗庵相熟，在他的引荐下，林散之在二十岁这一年，得以拜访并跟随张栗庵先生学习。

张栗庵姓张名学宽，字栗庵，光绪三十年（1904年）赴京应试,中进士,与谭延闿系同科。张栗庵会试的试卷,主考官阅后赞叹不已,曾呈送慈禧太后亲览。张中举之后,奉派到山东任知县、知府共三任。辛亥革命以后,张栗庵弃官返家,购置田庐。居家期间,由于张本身医术精湛,其一边治病救人,一边著述,不再出仕,隐于乡里。

张栗庵自童年起就博览群书,工古诗、文,精通音律,擅长书法、金石学。他虽然学富五车,但很少收学生,也未曾专设杏坛课徒讲学。

在范期仁的引荐下,张同意见一见林散之。见面后,看完林散之呈上的文章和书法,张栗庵给予了很高的评价,便认真地教导:"读书人求学问,在能自立时,首先要知道门径,要有师承,要讲求法度,凭自己想象去臆造不行。汉儒经师,都有师承法度。你学习很勤奋,但千万不能图虚名,荒度岁月。汉代司马迁写《史记》,叙事质朴无华,文辞简洁。宋代程氏兄弟及朱子,学说出自老庄,出笔皆能阐发六籍之精蕴,以诚为本,穷理为主。明代归有光承其遗法,工古文经术,法度严谨。晚近桐城派以方苞、姚鼐为首,应学其法度,精研经学……"张又见林散之年轻好学,朴实无华,谈吐不俗,对古诗文已有相当基础,甚为器重,重点指导林散之如何学习四书五经,《五经》中又多选讲《诗》《书》两经。《四书》中,多选讲《孟子》。张栗庵先生对《孟子》一书研究很深,有自己独到的理解。在张的指导下,林散之开始系统、全面学习儒家经典,提高诗文写作能力。

张栗庵毕生治学,家中有各类藏书几万册,还有许多历代名家碑帖,林散之常常在先生处翻阅观摩,如饥似渴吸收着书中的知识和见识。张栗庵曾经送给林散之一幅宋拓石印《索靖月仪帖》,并在上题字云:"散之大弟,精心学书,而无佳拓,以此助其攻苦。"题后附言:"此帖,文古奇宕,具云鹤游翔之势,其为宋拓本无疑,墨林之宝也!"对于此拓本,林散之一直视如珍宝,终生珍藏。

对于这段追随张栗庵学习的经历,林散之非常难忘,自觉是自己一生中做学问和学书法的一次难得的契机。他晚年对子女说:"我见到张先生后才知道做学问的门径。张先生不仅指导我写诗文的法度,我后来从师黄宾虹也得力于张先生的推荐。我有次大病,命在旦夕,也是张先生医治救活的。张先生对于我,恩同再造!"

林散之口中的救命之恩,是指1918年他生了一场大病,差一点命丧黄泉,最后还是张先生亲自出马,妙手回春,在鬼门关上救活了他。

1918年秋天,林散之在临一张沈石田的《洞庭秋色》长卷。由于用功太狠,心无旁骛,连续十几日沉浸其中,只临了一半就病了,卧床不起。家人起初请林散之的堂哥林以韩诊治,林以韩是二伯父家的长子,前清秀才,学医只是业余爱好,医书虽读过不少,但临床经验很少。把他请来后,开了两剂药吃下后,林散之病情急剧加重,眼看着快不行了。林散之气若游丝,连床都起不来,昏昏沉沉中,口念一首绝命诗:

> 此夕皋兰尘梦远,他年湘竹泪痕多。
> 未成风雨溪山愿,半卷飘零可奈何!
> 病里犹思湘水月,梦中苦忆洞庭波。
> 画缘未了今生愿,墨债留为来世磨!

林母看到儿子如此境况,再也不相信林以韩了,她当机立断,派人赶着毛驴,速去卜集请张栗庵先生来。张先生听说后,二话不说,背着药箱,当夜赶来。到了林家,张先生仔细观察病人,细细把脉,并检查了此前开过的药方。

当时林散之高烧不退,意识已经模糊,张栗庵命人将捂盖在林散之身上的棉被全部撤掉,门窗全部打开通风,并用冷水浸毛巾轮换敷在病人额头降温。紧接着,张先生开了一个药方,派人连夜去乌江镇抓药。药来后,以大砂锅煎药,把药当茶不断地灌病人喝下去。全家人陪着张先生忙碌了一整晚,到了黎明时分,林散之高烧渐渐退去,意识渐渐清醒,嘴里开始喊口渴要喝茶。张栗庵见状,长舒一口气,对林母说:"恭喜,恭喜,你家不该断后,以霖(林散之当时的学名)有救了!"后又经张先生调治,林散之在病榻上缠绵一月余,终于痊愈。

捡回来一条命的林散之,回想起自己生死存亡之际,感慨大发,将病中所作的诗作了修订:

戊午秋日,作洞庭秋色长卷未竟,一病几危。濒殆时犹念念若卷不置,枕上成绝命诗二首。一、千古骚心在汨罗,苦将幽思托微波。披萝岂忆来山鬼,乞药无灵误素娥。此夕皋兰尘梦远,他年湘竹泪痕多。未成风雨溪山愿,半卷飘零可奈何。二、那堪衡雁又南过,水墨蹉跎感翠螺。病里犹思湘水月,梦中苦忆洞庭波。画缘未了今生愿,墨债留为来世磨。自是秋风成绝笔,养生何必怨黄婆。

第五节

娶得贤妻

　　林散之二十岁时,母亲为他第一次娶妻,女方赵氏,贤良淑德,林母非常喜欢。不幸的是,过门后一年,赵氏因病去世,举家哀痛。尤其是林散之,虽然婚姻只有一年,但夫妻感情甚佳,局促之间痛失爱妻,很长时间都郁郁寡欢。家里人很关注林散之的婚事,但林散之年纪轻轻,逢丧妻之痛,再加上心思全用在读书上,对再娶之事漠不关心。

　　林散之的三姐很早就出嫁,夫家姓盛。三姐嫁入后,没几年丈夫去世,守了寡。林家三姐为人贤淑,在夫家严守妇道,孝敬公婆,很受夫家尊敬。盛家有一位族人,名叫盛秋矩,中年丧妻,膝下留有三个子女。由于盛秋矩常年在外经商,三个孩子只好留在全椒县盛家村老家由父母代为抚养。

一个偶然的机会,林家三姐遇见盛秋矩的女儿盛德粹,只一眼,林家三姐就喜欢上这个姑娘了。盛德粹心地善良、性情温顺,有着良好的家教,举止端庄、朴实勤劳;母亲去世后,她担负起操持家务的重任,免去父亲的后顾之忧。林家三姐见盛德粹人品好,年纪也相当,就想为弟弟林散之做媒。

三姐想法是好,可她却犹豫不能开口,原因在于两家家境相差甚远。盛家家境富裕,盛秋矩在外地镇上开有布店,家中还有庄园,常年雇工耕种,衣食无忧,经济甚好。林家虽然顶着个大家族的虚名,但家族大权全在二伯父手中,林散之娶第一个妻子赵氏,就耗尽了家中资财;如今,已经是勉强度日。

三姐不死心,旁敲侧击偷偷打听盛秋矩择婿的要求。当听说盛家择婿一定要男孩品学兼优,家富家贫并不重要,并且盛家还先后两次拒绝过家境虽富贵、但人品顽劣的富家子弟的求婚。林家三姐一听,觉得此事似可图,乃向盛公介绍情况,并试探提亲。

盛秋矩见林家提亲,又闻林家少爷素有才名,动了心思。但毕竟婚姻大事,事关女儿幸福,为稳妥起见,盛秋矩推说再考虑考虑,没有马上答应。事后,盛秋矩打听到林散之当时跟着范培开学习书法,就当面找范征询意见。范培开得知盛秋矩的来意后,当即拍着胸脯打包票,"林是我的学生,已跟我学了三年,我对他了解甚详。他家虽穷,一只耳朵也有点聋,但为人正直、敦厚,求学极勤奋、踏实、谦虚,诗文书画皆精,并有远大志向。我所见到的青年无人能与之相比,将来必成大器"。盛听后大喜,范培开为当地名士,正人君子,当无虚言。很快,盛秋矩就允诺了婚事。只是,盛家其他人却不是很满意,一是因为林家外强中干,家境不好,盛德粹嫁过去,吃亏了;二是林散之除了会读书,又穷又呆,看不到有什么前途。盛秋矩毕竟眼光长远,力排众议,坚持这门婚事,亲事就定下来了。

1919年,林散之二十二岁,正式迎娶二十岁的盛德粹。两家家境悬殊,引起人们议论纷纷,有说盛家女命苦的,母亲不在了,还嫁到这样的穷婆家来;也有说林散之命好的，得了一场大病死而复生，现在又娶了盛家小姐，真可谓大难不死必有后福。

盛德粹嫁过来后，听见种种议论，倒是不为所动，一门心思做好自己的角色，孝敬婆婆，伺候丈夫，操持家务，很快赢得了全家上下的喜爱和尊敬。盛德粹出阁前，在家虽不是锦衣玉食，但天天是鱼肉不断，衣服也是一年四季件件齐备。嫁到林家后，生活水平直线下降，每天只能以不见油星的咸菜下饭，穿的也没有那么讲究。林母心疼她，总是做点好吃的留给她，但盛德粹却总是说自己喜欢吃咸菜，坚持将好菜留给婆婆和两个小姑子吃。

生活上艰苦，倒还是其次，最令盛德粹烦恼的是寄人篱下的屈辱感。婚后不久，林散之出外教馆，很少在家中，操持家务的事情交到了盛德粹手中。当时林家的财政大权全在二伯父手中，由于林成璋去世，其他几房就欺负林散之孤儿寡母，每月分发例份时，百般刁难，颇多羞辱。盛德粹每月初去领米，需要走小半天，用口袋背上二十斤米。有时受了白眼，心生委屈，就只好在半路偷偷垂泪；回到家中，还要擦干眼泪，强装笑容，怕婆母看见难受。好在林母对她颇为疼爱，总是好言宽慰，家务事也帮她打理。林散之回家后，听闻此事，也劝解妻子，两夫妻之间恩爱相处，相互体贴。因此，尽管在大家庭受气受辱，生活上也极艰苦，但在小家庭内却是和睦亲善，其乐融融。

到了1920年，林散之二十三岁，他眼看家族留下的家产已经被其他几房败坏得差不多了，又气又痛。当他出生时，林家依靠大伯父军功挣下的产业，是当地响当当的富户，人人高看一眼。大伯父去世后，二伯父掌权，家族子弟无所顾忌，开始败坏产业，有的抽鸦片烟，有的去镇上狂嫖滥赌，做正事的没有几个，坐吃山空，偌大的一个家产，眼看所剩无几。林散之决计分家，各过各的，彼此不再牵连。

在当时，大家族分家，并不是一件光彩的事情；加之家族权力尽在二伯父、四姑母手中，分家的建议起初无人响应。林散之坚持要分，他召集家族成员，据理力争，说自己已然成家立业，尽可顶起一房之责任，其他人没有不分的理由。林散之还威胁说，自己代表一房之权利；如果不分家，日后任何钱款支出及物资分配，必须要经他同意，否则，谁也别想动钱。

见林散之心意已决，林家其他几房只好同意，但他们仍然蛮横霸道，坚持按林散之这一代的人数分家产。林散之无兄无弟，只能分得一份。这于情于理都说不通，但林散之此时已经顾不得许多了，他再也不想过那种向人伸手、看人眼色的生活。分家时，在族人和其父好友曾梓亭的调停下，林散之分到了离家较近的一份小田产。这块地正常年景可收十五担稻谷，虽然不多，但一家人节省着吃，倒也够了。重要的是，以后再也不用拎着口袋向人家乞讨口粮了。

分家后，林散之出外教书，挣一些馆资应付开支，他还在宅后的山庄上继续开辟果园。妻子在家勤俭持家，精打细算。几年后，林散之家的经济状况逐渐改善，越过越好。而分家后，二伯父家由于挥霍浪费，不善经营，日渐败落。

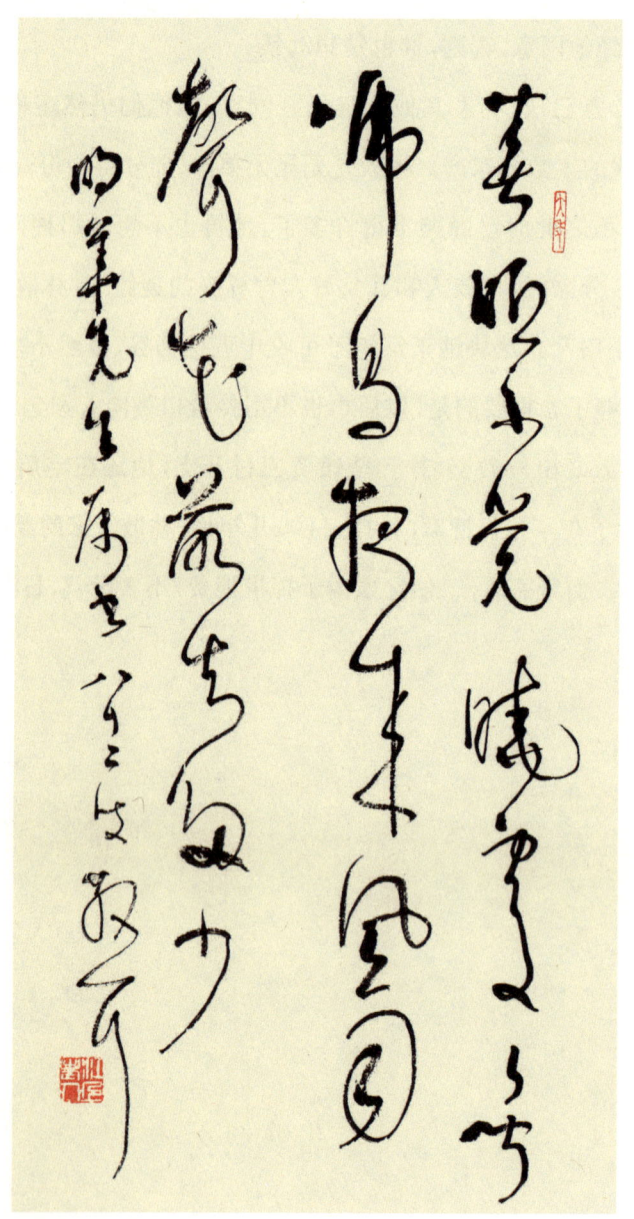

林散之作品

第三章 沪上拜师

HUSHANG BAISHI

第一节

乌江草堂

　　分家后，没有了与林家其他房的羁绊和约束，也同时失去了大家庭的依靠，林散之开始顶门立户支撑起一个家庭的责任。一家五口人，只他一个男丁，吃喝用度、人情来往、买书买墨，全部的经济来源都要靠他。

　　此时，他的一名远亲，是个有钱人家，住在距离乌江镇半里的谢庄村，名叫范期琨，找上门来，希望他能过去教家馆。范期琨为人守旧，治家极严，在他家里，女眷们不准高声说话，平时大门不出二门不迈，更不准与一般外人见面。范期琨很早就知道林散之才学和人品都非常可靠，又有点亲戚关系，是他这种典型的封建家庭最合适的家庭教师。为了请到林散之，范期琨给出了每年一百二十块银圆的高薪。

林散之此时还在大姐家教书,范期琨请他,对他而言是个好消息。一是因为范家给的酬金多,可以为家庭多挣点;二是范家离他家只有三里地,每天可以走路去教书,不必再住在东家家里。此时的林散之正全力整治他的山庄,如此能早出晚归,教书兼管园林,两不耽误。林散之的"散木山庄",这时候已经初具规模。

"散木山庄"的名字,是老师张栗庵所取,意思是提醒林散之要专心学问,一味成才,不要做半途而废的散材。在《林散之序跋文集》中,林散之所作《散木草堂记》,详细记载了这段岁月留下的印记:"余既倦于游,困而归于所居缑山之阳,治地可五亩,筑草堂三楹其间,而杂植松竹桑柘桃柿栗之属,为终老读书之所。吾师栗庵张先生闻之笑曰:'书生徒自苦耳,奚所取材?'时余甚疑之,以为昔日依人依食,遑遑汲汲,不得一日安于所学,可为至恨。今方归来,遁迹于此,得其宽闲岁月,以从容于学问,用极平生区区之怀,而所得材木果实之费,以供薪水膏火之赀,若计岂不良得?而先生不其然者果何谓也?余甚疑之。乃今以思,乃大感愧!夫草堂之结六七年矣,所植之木大半多夭折,否即臃肿卷曲不中绳墨规矩,而桃柿诸实又多败恶,不能硕大以蕃,而余则日以米盐凌杂之劳,儿女叫号之苦,周旋以人事,侵寻于疾病,未尝得安心草堂之中,以从事所谓学问者。其志日以弛,其学日以废,始知先生前日之言盖深警之也……因名其堂曰散木,用志先生警余之意,且见余之不材而又种植以不材之木,不材遇不材,信可哂矣。夫先生往日警余之言,既已验矣,而来者之所以教余必更有合也。姑记于此,他日拜觐之时,当敬以问之。"

分家后,林散之又用教书积攒的钱,买下了几亩靠近自家田地边上的山地,扩大了"散木山庄"的面积。起初,没有帮手,林散之就和夫人一起,在这片山地广栽各种果树,桃树、杏树、柿子树都有。山庄周围以荆棘和紫荆作篱笆,篱内外栽刺槐、扁柏,一是美观,二可防风。

山庄正中盖草屋三间,用作书屋,书屋后竹林成行,书屋前修整空地,以供散步及习武之用。屋子周围，又种上枣树、银杏、梧桐等各种杂木，遮阴蔽日。屋左叠一假山石，大门左侧栽天竹一丛，种植芭蕉数株。整个山庄规划合理、野趣盎然，实在是一处难得的亲近自然之地。

林散之每日从范家教书归来后，仍然辛勤打理山庄。为了更好管理园林，还请了一个雇工陈世有，专职打理山庄。陈世有人勤快，也很懂地里的庄稼活。他为了改良山上土壤，增加土地肥力，每天清晨到乌江镇屠户家里挑几担杀猪水，存入粪缸中，还去江边取肥沃的河泥沤肥，定期给果树施肥。春天锄草，秋冬季翻土，尽心尽力打理果园。

没几年，种下的果树就开始结果，除了自己家人吃，剩下的分给邻居，或者拿到集市上售卖，颇有一些经济入账。每年售果收入折合可得五六十石稻谷，最好年景可得一百五十石稻谷。其他各种杂木，每年修剪下的大量枝条可满足家中烧柴之用。

草堂和园林，成了林散之休闲行乐之地。他在这里或者描绘丹青，或者读书习字，或者交友交际。草堂四时之景不同，他的四时之乐亦不同。当时与他交往较多的有许朴庵、邵子退，三人被时人称誉"乌江松竹梅三友"。

作家邵川在《种瓜轩漫忆》中，描绘了当时草堂的风景："笔者幼年之时，曾跟随祖父邵子退去江上草堂。记得过了大桥以北，踏上江家坂的路，只见远处黑压压一片树林，阵风徐来，耳边仿佛有滚滚涛声由远而近地传入。走进林中，有草堂三间，坐北面南，居高临下，一望无垠。在这宁静的环境里，林老啸傲其中，勾山勒水，敲字谋篇，每当诗成画就必招祖父前来评赏。"

林散之一心经营江上草堂这片土地，视为纷繁杂扰的大千世界中最美的乐土，是他精神世界的桃花源。并以此为题作诗歌咏，其中有《草阁》一首如下：

门外垂垂柳，江寒草阁阴。帆从天际远，水向岸边深。
悱恻青山梦，蹉跎黄卷心。繁声久不弄，好鸟有同音。

第二节

自办私塾

大约在 1924 年前后,林散之辞掉了范家的教职,在周围村庄招了十几个适龄的儿童,自己开了一家村塾。林散之自办私塾,主要是为了能有更多的时间学画习字、经营园林。也因为他当时已经有了一定的才名,周围的人家信任他的才学,愿意将自家的子弟交给他来教。

这期间,除了教书和学画,林散之还编纂了他人生中第一部艺术理论的书籍。从 1924 年到 1926 年,林散之将自己学画、习字的心得体会及读过、学过的前人书籍总结编纂,完成《山水类编》一书。全书二十八卷,另编《序目》一卷,共二十九卷,二十一册,三十五万字。《山水类编》分门别类,汇集前人有关山水画的论述,是学山水画的一部很好的参考

林散之作品《山水类》

书。内容非常丰富，收罗了几百种书籍，选取精当。

1930年，已经跟随黄宾虹学画的他，将《山水类编》抄本带到上海，请老师审阅。黄宾虹仔细过目，并作了一些眉批，打算将此书推荐给神州国光社出版。只是后来因为抗日形势紧张，未能完成。黄宾虹一直珍藏着这本手稿，直到1948年，黄宾虹在杭州艺术专科学校遇到了林散之的儿子，才将此手稿完璧归赵。后来，这本手稿作为林散之的珍贵手迹，被收藏于采石矶"林散之艺术馆"内保存。

在这本手稿上，封底用黑笔书写："丁卯秋八月校补完，散之。"也是从此时开始，林散之开始以"散之"正式为名。之前，他在林族中属"以"字辈。幼年上学时，其父为其取名林以霖，有时简用林霖。十七岁时，自号三痴生。散木山房建成后，张栗庵先生取散木山房之意，谐"三痴"之音为他改名为林散之。抗日战争以后，林散之作书画落款常用笔名"左耳"或"散左耳"或"散之左耳"。取意一是左耳聋,一是认为自己"与时相左耳"!其意为自己与时代不合。新中国成立后改用"散耳",直至终年。

1970年以后,林散之因烫伤手残,写字作画只用三个指头。偶用"林三指""半残老人"。他曾请陈大羽先生刻"半残老人"印章。陈先生建议将"半"字改为"不"字,意为身残志不残,乃为林散之刻"不残老人"章,后常用之。八十岁以后,耳全聋,作书画有时落款"聋叟""阿聋"。还有一"江上老人"印章,后常用之直至终年。研究收藏林散之作品,可以参考作品的落款,大致可知作品的创作年代。

1923年,在老师范培开的帮助下,林散之首次在《神州吉光集》刊物上发表书画作品及书画润例。《神州吉光集》是由钱病鹤主编创办的书画专刊,在上海出版,面向全国征集书画家的润例与作品,逐期公布,收录的著名书画家作品有吴昌硕、张大千、王一亭、陈半丁、吴湖帆等。

在《神州吉光集》第五期,林散之发表了自己的润例及小传,宣传自己的书画。书画润例:"书润堂幅三尺二元,四尺四元,五尺六元。楹联同上,屏条减半,扇册每件一元。山水人物照书润加倍计算,余件另议。"小传:"林霖字雨林,亦字散之,江苏江浦人,年廿六,性沉静,嗜书工画。书攻六朝,画擅长山水人物。山水宗烟客、耕烟,人物法老莲、瘿瓢,均虚和雅健……耳患聋,语云:'一聋三痴',故自号三痴生,非特取意于斯,盖慕黄大痴、王二痴两家精妙,隐隐有继起之志焉。乌江范培开撰。"

在《神州吉光集》上做宣传,加之林散之当时在皖东已小有名气,时有索书画者。这时期林散之写字用正楷、隶书或行书,人物画师从陈老莲、黄瘿瓢,大多是细致的工笔画,文人画的趣味很少,装饰性较强,题材多为历史或民间故事,如《钟馗》《东方朔》《风尘三侠》《孟浩然踏雪寻梅》《史湘云醉眠芍药》《潇湘馆春困发幽吟》等;有时还会为有钱人家创作一些木刻和木雕作品。虽然润格不高,但也算有了收入,林散之颇为自得。

他的老师张栗庵先生,见林散之开始有了自满之意,就警示他,对他说:"汝学诗古文辞,夙所秉承,尚能进其所解。惟书画之道,各有师承,非可臆造,此汉儒经师,所以有家法也。汝今力学甚勤,岂可骛于虚声,空度岁月,应求真师,以谋深造。现有黄宾虹先生,海内名宿,宜急求之,宾虹与余为同学,尔欲师之,当为书荐。"

林散之听后,恍然大悟,认为张老师说的有道理,自己不过是刚刚摸到了书画艺术的一点边儿,离登堂入室还差得远,决不能因为在当地有小小名气就沾沾自喜。他要继续进步,提高自身的绘画和书法艺术,要找到真正大师级别的老师教他。

在张栗庵的鼓励下,林散之壮起胆子,将自己的几幅作品,通过信函寄给了上海的黄宾虹,希望能得到黄宾虹的回复和指点。令他没想到的是,很快,黄宾虹就回信了:"散之先生大鉴:顷得栗庵君函,并瞻大作山水画,才气磅礴,极为钦佩。明程青溪谓柳公韩画笔力能扛鼎,更劝其作工细画,由细笔入,而后可言粗豪。故元人皆从唐宋筑基,自董玄宰后渐流轻易,清代画多薄弱,职是之因。内地唐宋画不易见,可多对古树疏柳,不厌其繁复而临写之,精进将未可限量。妄谈博笑。专复,此请道绥。黄宾虹顿首。容后作拙画奉答雅意,又及。"

林散之收到黄宾虹的来信,喜出望外,又写了一封信:"霖家贫失学,无所自立,从含山张栗庵先生游,始识学问之途,然优游不自努力,于学毫无明白。唯书画素所爱慕,颇自矜怜,乃欲有所成就,副其初心,顾乡居僻远,既不得名师良友,以为砥砺之资,复未能睹先贤遗迹,藉作观摩之助。不过于古人论画诸书,窥其遗绪,于近代影印版本,想其仿佛。虽用力愈深,而去道愈远,所谓扣槃扪烛,转失之矣。辱蒙雅爱,不见摈斥,谆谆教以用笔用墨之法,又示以观古人真迹为最。感谢之余,继以惭愧,唯是穷乡之士,多所艰难,睹影印本且不易得,况真迹乎?睹清代墨迹且不易得,况唐宋之真迹乎?"

黄宾虹亦有函复:"得惠函并法绘,均读悉。古画大家全于笔墨见长,溯源籀篆，悟其虚实，参之行草，以尽其变。墨则有积墨、破墨、泼墨、焦墨、宿墨诸法，不徒浓淡二者而已。细笔当如粗笔，以得回环俯仰之妙为佳。近人画学珂珞版影本，墨法全失。是学者不可不求观真迹也。影印品仅供人研究画稿之用，大雅以为然否？大作、拙画均奉。此询日佳。黄宾虹顿首。"

可以看出，林散之苦于受环境之困，造成自己眼界不高，一心想得到黄宾虹的指导。而黄的回信，虽然很客气，但还是指出了林散之对实景写生少，笔下笔墨不够的诟病。二人的书信往来，实际上也是师生之间的函授学习与指导。

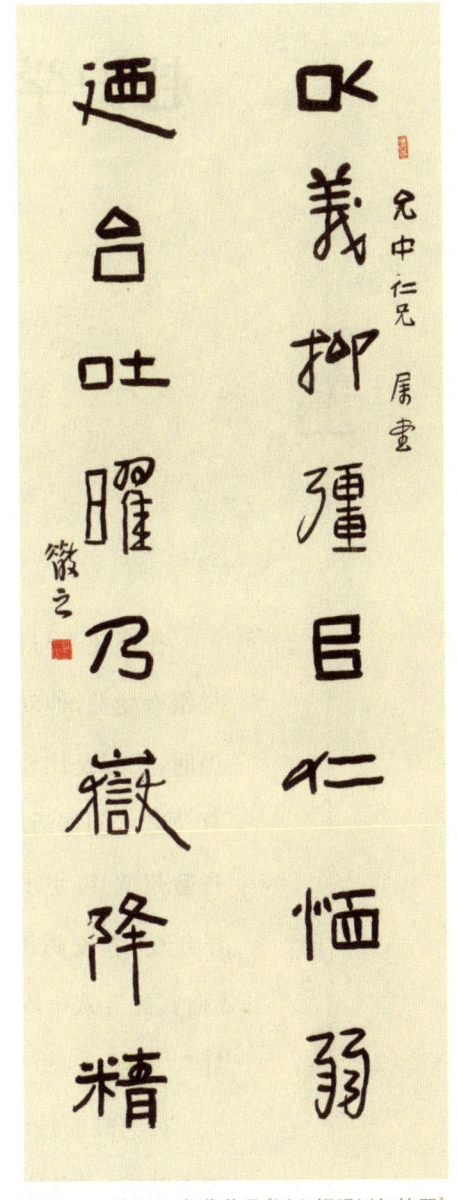

林散之20世纪30年代作品《以义抑强以仁恤弱》

第三节

赴沪学艺

在持续了与黄宾虹一年的函授学习后，林散之自我感觉很有受益，他动了去上海找黄宾虹面授的念头。黄宾虹在当时，已经是比较有名的艺术大师，尤其在上海从事艺术教育及艺术创作活动，名头很响，影响很大。黄宾虹原籍安徽省徽州歙县，生于浙江金华，为近现代山水画一代宗师。黄早年受"新安画派"影响，以干笔淡墨、疏淡清逸为特色，为"白宾虹"；八十岁后以黑密厚重、黑里透亮为特色，为"黑宾虹"。

黄宾虹的技法，行力于李流芳、程邃、髡残及弘仁等，但也兼法宋、元各家。所作重视章法上的虚实、繁简、疏密的统一；用笔如作篆籀，笔意凝重，遒劲有力，在行笔谨严处，有纵横奇峭之趣。所谓"黑、密、厚、重"的画风,是他显著的特色。他的书法"钟鼎"之功力较深。其画风苍浑华滋,意境深邃。偶作花鸟草虫亦奇崛有致。

林散之决定去上海,是下了一番决心的。当时林散之已经育有五名子女,全家都依靠他开设私塾的收入。如今没了收入,还要花钱自费学习,若没有足够的勇气,很难下定决心。林散之不甘一辈子只在当地做一个平庸的画师,他有更高的艺术抱负,有更高的艺术理想。

家人知道了他的想法,虽然不愿意他贸然去上海,但深知他对于书画的痴迷与热爱,也只能答应。1929年,林散之精心临绘了十几幅山水、人物画,手持张栗庵先生介绍信,只带了很少的盘缠,于这年春天踏上了去往上海之路。

林散之当时只是一个籍籍无名的艺术小辈,而黄宾虹已经是著名大师,在上海担任多种教职,并被推选为教育部第一届全国美术展览会参考品部委员,兼任上海美专国画理论与诗文教授,又兼新华艺术大学教席。见到林散之第一眼,黄宾虹很感亲切。二人同为安徽老乡,林散之又有张栗庵的推荐信,黄热情接待了他,并认真看了林散之带去的书画作品。

看完了林散之的书画及画上的题跋,黄宾虹倒也没客气,开门见山指出了他存在的问题:"看得出来,你对于诗、书、画是颇下了一番苦功夫的,诗、书很有才气,有自己的特点,但是画,有较大的毛病。病在无笔墨,你之前的画,路子走错了,只重临摹模仿,没有找到笔墨的法门。古来历代大家,各宗各派,技法上千变万化,但都离不开笔墨二字。你的画,看似像某宗某派,但只是似像非像,不知用笔用墨之法。无笔无墨,何以成画?更何以成家?"

一番话,说得林散之即羞愧,又信服。黄宾虹一针见血,指出了他的问题,自己学画以来,确实是画的多,想的少;临摹的多,创新的少,这既有学习环境的限制,也是苦无名师指导和点拨的原因。如今,黄宾虹不嫌弃自己是个无名小辈,毫无大家架子,愿意做自己的老师,这是多么大的幸运和幸福啊!

从那以后,林散之就在靠近黄宾虹住处的西门里,租了一个小亭子间住下，开始了向黄先生学画的学习生涯。在这间小小的蜗居里，林散之潜心学习，丰富吸收，认认真真从头学习中国画的笔墨基础。他经常拿着自己的作品请黄宾虹指点，受教之后回去再仔细琢磨，一点点改掉之前的毛病。遇上黄宾虹出外离沪，他就通过信函，将自己的作品寄给老师，再由老师批改点评后寄回。

黄宾虹对他也是倾囊相授，毫无保留，对他的艺术修为特别上心，总是认真指导。黄宾虹收藏许多历代名家字画，平时是不轻易示人的。但对林散之，却经常轮换取出，令林散之细心体察，掌握其中的精髓。

黄宾虹还结合古代名家手迹，口传手授，作画示范，传授用笔用墨之法。指出如何守墨知白，要黑处沉着，白处空灵，黑白错综，以成其美。这是黄宾虹绘画艺术的精髓和独创。黄宾虹认为，作画在意不在貌，不应重外观之美，而应力求内部充实，追求"内美"。他曾经说："国画艺术的最高境界，就是要有笔墨。"黄宾虹系统梳理和总结了前人对于笔墨运用的经验，在晚年总结出"五笔七墨"之说——"五笔"为"平、留、圆、重、变"，"七墨"即"浓墨、淡墨、破墨、渍墨、泼墨、焦墨、宿墨"诸法。如此，以笔为骨，诸墨荟萃，方能呈现"浑厚华滋"之象。林散之受黄师亲授和启迪，如醍醐灌顶，也如夏日饮冰，进步很快，收获巨大。

在书法方面，林散之也受益匪浅。黄宾虹书法师承钟鼎文和晋魏。行草取法王献之、颜真卿，楷书取法《郑文公碑》《石门铭》、褚遂良等。博采众长，出以己意，浑朴沉雄之中隐含着清刚秀逸。业内普遍认为，林散之的书法艺术，一生受两个人影响最深，早期为"黄"，晚期为"王"，这个"黄"，就指的是黄宾虹。

林散之三十岁之前，主要是他对传统书法文本的形质体察期，三十岁后拜黄宾虹为师至上世纪60年代中期阶段，这一阶段是林散之深悟中国水墨精神的体察期和外师造化的实践期。黄宾虹对林散之的影响，贯彻了林散之的一生，由于林散之对黄宾虹的顶礼膜拜，林散之三十岁至上世纪60年代中期，他的书画基本是黄宾虹的衣钵和艺术语境。黄宾虹是中国山水画的集大成者。林散之在黄宾虹身上深刻领悟了笔墨在中国传统书画上所表现的生机，他成功地将黄宾虹的"五笔七墨"之法移植到他的大草作品中,因而使"林草"的线条有别于前人,且具有丰富而神秘的色彩和天真烂漫生机盎然的意趣。

林散之在上海,前前后后跟着黄宾虹学了快三年。这两年多,是林散之在艺术上迷津改向、艺海扬帆的转折点;是他开始窥见艺术殿堂,得其门而入的两年。对于这段沪上学艺的经历,林散之非常难忘,一生中经常回忆和对别人提起。他曾经专门写过几首诗,纪念这既艰苦又幸福的沪上时光。诗中记载了他的思乡思家之情,记录了他节衣缩食、蜗居亭子间艰苦学习的岁月,也抒发了他对书画艺术的感悟和觉醒。如《小阁》:

书剑频年愿已违,风尘小阁又斜晖。
潮添浦上月初出,花落江南春正归。
生事蹉跎怜布被,乡心迢递忆柴扉。
未能杯酒将愁去,闲看云天雁字飞。

又如《申江春怀呈宾虹夫子四首》:

一

草绿天涯又一春,小楼高迥静生尘。
十年膏火空皮相,千里风波访道真。
只为胸中战肥瘦,难教腕下粲星辰。
于今解得玄机秘,笑把浮名让世人。

二

小别家园道路遥,春光如水去无聊。
翠螺山色晓入梦,黄浦滩声夜上潮。
鸿去鸿来乡信远,花开花落壮心销。

此情脉脉人谁觉,浊酒一杯漫自浇。

三

寂寂沙鸥草堂思,纷纷车马沪埂征。
无成书剑心如捣,已敝衣裘影自惊。
利锁名缰羁薄俗,芒鞋藤杖负平生。
几回憔悴思归去,离别犹听园蕉声。

四

生涯潦倒感平居,冷落交游迹自疏。
水远山长千里梦,身闲心懒半床书。
未能梗梓成佳器,只合蓬蒿守故庐。
最是江南滞风雨,小园辜负一春锄。

第四节

返乡治水

在上海期间,林散之过得非常艰苦。在这个五光十色的商业城市里,他始终坚守艺术理想,一心都放在学习上,每日不是画画,就是读书临帖。就像一位孤独的旅人,对路旁的花花世界视而不见,只是一味向着最终的目的地前行。

在上海生活,费用很高,虽然林散之尽量节省,但长时间的学习,还是让他的经济捉襟见肘。老家家里有七口人要吃饭,自己在上海还要负担昂贵的生活费,到了1931年,林散之不得不向黄宾虹提出回家。他是父亲,也是儿子,必须要继续承担起养家糊口的重任。

黄宾虹听说后,很是替他惋惜,只好鼓励他回乡后继续学习。临行前,黄宾虹对他说:"这三年,你的画已初变旧貌,笔墨大进。只是书画艺术,既要师古人,更需师造化,你要多向大自然学习,有了条件后,可多多游历名山大川,君其勉之。"正是这句话,使得林散之立下了游山之志。

回到安徽老家后,林散之牢记老师的教导,坚持写生临摹,每日临帖不辍。当时他的收入,主要来自私塾教书。学堂就设在他自己经营的草堂里。主要讲授的课程有《大学》《中庸》《论语》《孟子》以及《七言千家诗》等,大一些的学生,也跟着他学习书法。

林散之教书,不仅要学生们会解释词意,还要背得熟;背不熟就要重读,一直到背熟为止。每日清晨,学生一个个来到草堂,或在假山石旁,或在树下和竹林里读书。林散之也会手持一卷书,慢慢踱着步,沉浸在读书声和树上鸟儿的鸣叫声里。有几个大一些的孩子,林散之就教他们学写书法;最初从描红开始,渐渐临摹柳公权和欧阳询的字帖。初学书法时,林散之要求学生一定从正楷入门,不能草、行、篆、隶乱写。对学生的书法作业,他认真检查,并用红笔批点,三圈、两圈、一圈、点点,以分优劣,不好的画一道红杠杠,逐字批阅,一字不漏。到了太阳西斜,林散之叫学生们背完最后一遍书后就放学了。所有学生都走后,人去山静,百鸟归巢,林散之在园中,总要转上几圈,享受一下难得的安静时光。晚上,他照例是看书画画和写作,一直要忙到深夜。

就在这一年秋季,长江发生百年不遇的大洪水,沿江两岸的人民,陷入了水深火热的悲惨境地。林散之的家乡,也面临着洪水的威胁。当地百姓,大多耕作水田,把长江两岸平原的田地叫作"圩区",筑有堤坝把田地与江水隔开。平时耕种时,可以采江水种田;遇到汛期,江潮上涨,全靠两岸大堤把江水管束在江内,保护着圩区内居民的生命财产。

1931年的这场大水,两岸连续下了十几天大雨,江水水位不断上涨,眼看就要漫过堤坝。加上连续下雨,堤土松湿,再刮大风,恶浪汹涌,如果冲垮江堤,滚滚洪流由缺口处迅猛涌入圩区,就会发生"破圩"。一旦"破圩",轻则淹没农田庄稼,粮食颗粒无收;重则墙倒屋塌,淹死人畜,酿成巨灾。

最终,长江水还是突破了堤防,林散之的家乡发生了"破圩"。很短时间内,整个圩区变成一片汪洋。乡民遭此大难,哭喊连天,渔船、木盆、门板、竹木,一切能漂浮于水面的东西都被用来载人、装粮、逃命。有的人来不及跑,就爬上屋顶、树梢,来不及爬的就被淹死;也有的爬上树后被毒蛇咬死。悲惨之状,惨不忍睹。

林散之家的住宅紧靠缑山之下,地势较高,只有前屋和院子进水,后进屋比前进屋高数尺,未上水。家人在院子里用木板搭起来走人,像小桥一样,尚能勉强生活。大灾当前,林散之没有只顾自己,他放下手里的书本,积极行动起来,与家乡的百姓一起投入了抢险救灾工作。

由于灾情严重,涉及南方十二省,当时的国民政府成立了救灾委员会,由宋子文的弟弟宋子京任会长。各省、县设救济分会,由政府统一调拨救济面粉,各分会发给灾民,以工代赈,修堤救灾。

大灾当前,由谁负责救灾物资的发放和使用,成为某些人觊觎的目标。林散之家乡的乡长,听说救济粮已经下发到县里,就打算代表当地去领取。受灾的百姓打听到这个消息,都连连叫苦不迭。原来,这位乡长平日里就是地方一霸,搜刮民脂民膏最在行,正经事没做过几件。蒲圩的江堤比较长,由五位圩长分别负责。这些人害怕救济粮都被这位乡长贪污,几个人商量一下,就去找林散之出面,推选他代表村民办理赈灾事务。

大家选择林散之,不仅是看中他有文化,还是因为信任他的人品。在当时,中国乡村盛行乡绅治理,人们遇到纠纷或者大事情,往往会寻求地方上的乡绅来处理。林姓宗族在当地居民中比重最大,林散之在林姓族中辈分也最高,他是有资格来负责赈灾事宜的。

答应乡民的请求,不可避免会得罪那位乡长。但是大灾当前,受灾百姓迫切等待着救济粮来活命,林散之没有犹豫,毅然站了出来,接过了这副重担。大家一致推举他整个圩区的"圩董"，去江浦县城领救济面粉。

当时乌江镇距江浦县城有六十里路，没有公路，也没有汽车，林散之只好步行赶过去。到了县里，却遇到了当地政府官员的扯皮与索贿。由于各地的代表都在等着领取救济粮，这些官员就趁机要钱，谁给钱就先给谁发放粮食。林散之心急如焚，几次找负责官员交涉，但那些官员只是一味打官腔，拖延不办。

林散之看不惯官员的丑行，也不愿意用送礼、请客这样的方法，他此时又犯了"书呆子气"，既然你县里的官不办事，那我就去省里找！林散之一边让人往家里送信，一边开始步行去南京。这一路可谓艰险，到处都是大水后留下的泥泞，道路低凹处还都有积水，吃饭也找不到地方。就这样，林散之深一脚浅一脚赶到南京，直接去找赈灾委员会的领导宋子京。

见到宋子京，林散之汇报了家乡遭灾的情况，并且讲了江浦的官员如何推诿扯皮，请求宋给予帮助，否则老百姓就要饿死。宋子京看着眼前这位穿着土布衣服，满身泥污，消瘦文弱的男人，心里也是暗暗敬佩。他当下答应林散之，会马上责成当地政府迅速办理，尽快将救济粮发下去。

林散之听了，将信将疑。宋一再保证，说已经让手下人给当地发了电报。林散之也只好和同去的几位圩长赶回江浦。果然，到了江浦，负责发放的官员提前接到了南京的命令，对他们的态度来了个一百八十度大转弯，很快批拨了五千袋面粉，让他们押船经长江运回去。

救济面粉运回来后，消息迅速传遍蒲圩每家每户。乡民皆喜出望外，没想到这么快就领回来了。那位乡长连夜拜访，想和林散之共同决定救济粮的分发。林散之义正词严地拒绝了，并说粮食是全体乡民的，谁也没有权力私分，并且这些面粉只能全部用来救灾修堤。

第二天，林散之家中来了几十人，讨论粮食的发放原则。林散之从大局出发，秉公执法，决定采用统一发放的原则：谁去堤坝上抢险，谁才能分得粮食。按完成土方数多少分发面粉，多挑多给，少挑少给，不挑不给。完成土方数够领一袋面粉的,连同面粉袋一道拿走。实在无劳动力的灾民,适当救济。他为了表明自己的态度,又说:"我家口粮还有的吃,不领一斤面粉,我做这事情,全是为大家尽义务,是应该的。粮食放在我家,我家不插手管理,由各圩各派一名代表共同管理。按实挑土方数开单核实,审批盖章,记账领发,按章办事,没有半点含糊。"

各圩长和乡民代表们回去把这个决定向各户传达,果然男女老少都争着上堤挑土修堤去了。大家争先恐后,干劲十足。有的人家劳动力多,一天就可以领到一袋多面粉。林散之带领着各圩长,天天赤着脚在堤上跑来跑去,检查各处圩堤工程质量和进度,随时处理一些具体问题。圩堤很快就被修得又高又大,夯得结结实实。林散之果然如先前承诺的那样,救济粮的发放严格按照规定,自己没有私吞一袋面粉。

水灾过去后,其他地区掌管救济粮的人,个个都发了一笔横财。有的人甚至卖掉面粉换了一千块银圆。那段时间,林散之的家里经常跑来外地的村民,大骂自己的负责人如何中饱私囊,盘剥乡民,他们说:"你们圩一个人干一天可得十几斤面粉,我们拼死拼活干一天,至多只能领到两三斤,粮食都被掌管的人私吞了!"

此事过后,林散之的事迹在当地广为流传,人人都知道江浦出了个不爱财不图利的林散之。

林散之作品

第四章

行万里路

XING WANLILU

第一节

师法自然

　　于上海师从黄宾虹学习期间，林散之深受黄师"师古人，更要师造化"的影响，摈弃之前只知临摹，不重笔墨的积习，更加重视内心心灵的修养，题材由之前的人物画转向了山水、花鸟，笔下的绘画也更讲究笔墨、构图及意趣。

　　黄宾虹本为徽州人，中年以前，非常推崇"新安画派"的绘画，对于"新安画派"貌写家山、借景抒情的绘画思想深以为然。他的这种喜好，自然也影响了林散之。

　　新安画家，冲破了以"四王"为代表的正统派"步履古人，摹仿逼肖"的摹古风气，高扬师从造化的大旗，以变幻无穷的黄山为蓝本，将中国山水无尽的情趣、韵味与品格生动地表现在尺幅之间；并且在结构与技法上亦打破了"四王"

三叠、二叠等陈陈相因的公式，一反柔媚甜俗、奢靡华贵之气，开创了一代简淡高古、秀逸清雅之风。

这些热爱自然的画家群体，经常在一起观览大好山水，一起切磋提高技艺，寻求表达他们心目中的新安山水意象特征，形成许多共性。作品均体现出一种超尘拔俗和凛若冰霜的气质，意境深邃，是明清文人画的正统继承者。

师法自然，寄情山水，这种思想对于林散之具有醍醐灌顶的开化作用。他决定走出去，去祖国的大好河山游览，去体悟民间的风俗风貌，在自然山水中吸收营养。"读万卷书不如行万里路"，林散之下了离家远游的决心。但远游是要钱的，家里的事情也要安排妥当。自上海回来后，林散之在江上草堂教了些学生，几年节衣缩食，积攒了些钱。1934年过完年，林散之决意实现远游夙愿。临行前，之前相约一起出游的两位朋友，都因为路途艰险，时局动荡，不愿离家出游。林散之的意志却极为坚定，他将家人托付给可靠的朋友，学堂也暂时停掉，安排好家中五个儿女的生活，决意动身。

1934年3月，经过简单的准备，林散之孤身一人，踏上了远游之路。那时没有皮箱皮包等用具，林散之叫家人用白粗布做了一个特大的背包，里三层外三层，八层布密密麻麻缝制起来；另做了许多大小口袋，用来装旅行的换洗衣服和文房四宝。粗布背包用桐油油了多遍，硬如牛皮，既结实耐用，又可以防雨。他还在镇上定做了一把又大又长的油伞，多上几遍桐油，撑开像个小帐篷。这样，即使下雨也能在伞下写生。

林散之此次出游，主要是想拜访国内著名的名山大川，实地观摩和写生峨眉、太白、嵩山等名山。起初，他计划的路线是由三峡上四川，转陕西、河南而归。有人建议，由水路逆流入川，耗时长、费用多，不如先由陆路经豫、陕入川，再经三峡顺流而归。林散之采纳，挑选了先陆后水的路线。这一年，林散之三十七岁，他在青春即将逝去的时候，疯狂了一把，踏上了九死一生、一生难忘的万里之游。

其后的1937年秋，被上次出游激励的林散之深感自然之瑰丽，他又拉上好友邵子退及林秋泉，一起去了黄山。三人先从长江逆流而上，到青阳，游九华山，再转黄山。五岳归来不看山，黄山归来不看岳。黄山，这座对于中国画家最具吸引力的大山，以其雄奇瑰丽的景色和无可比拟的精神象征，再一次张开臂膀，拥抱了年已四十的林散之。此次黄山之游，林散之写了十三首诗予以记录，留下了十几张画稿，收获满满。其中有两首诗写得非常出色，记录了黄山那奇美的风景和三人登山的艰险。

《青阳城外望九华》：

　　小立青阳外，荒寒境泛然。

　　危桥支断石，古塔耸残烟。

　　我写诗中画，上扶人水船。

　　高情犹未及，云压九华巅。

《汤口望天都峰变灭》：

　　黄海自弥漫，黄山亦葱茏。

　　七十二奇峰，峰峰多转变。

　　吁嗟天都高，不易窥全面。

　　半在雨中埋，半在烟中见。

　　隐约天际松，纤微弱如线。

　　天女散琼花，垂垂幻银霰。

　　恍如海市楼，缥缈才一现。

　　缅怀尘外观，光景琼瑶眩。

　　时闻长老言，神奇尤足羡。

行空走天马,倏忽去如电。

　　要有八青猿,时来文殊院。

　　可惜云雾深,无缘空恋恋。

　　当时天气已近深秋,山上气温很低,三人在黄山共停留五天,林散之写生了几张画稿,就告别了黄山匆匆回家了。作《归途二首》,留下了对黄山的渴慕与思念:

　　半日下山路,回头已碧空。

　　却怜猿鸟梦,渐隔马牛风。

　　雨过村村瀑,云飞处处峰。

　　新安吾真本,几度认宾虹。

　　归去情无赖,寒山又几重。

　　白云心共远,红树意初浓。

　　画止今天稿,诗敲昨夜钟。

　　霜天千万思,都付别离中。

第二节

万里征途

离开乌江老家的第一站，林散之乘船到了南京，又从浦口乘火车到滁县，当晚投宿在其大舅父盛峻居家。其间在亲戚家停留了五天，友人王肇脩见他一床被子也没有带，说："西北苦寒，你被子都不带，怎能游山？非冻死不可！"于是给了林散之一床薄棉被。友人陈剑生又送了一床羊皮褥。后来事实证明，太白山地势高耸，山上温度很低，这床棉被和羊皮褥，帮了林散之的大忙。

在滁县停了五天，4月3日，**林散之背着行囊**，由滁县乘火车到了徐州，第二天游云龙山、快哉亭、燕子楼诸胜。作了《滁上早发》《彭城》《燕子楼》等诗。

4月5日，由徐州上车，6日晨到达开封。上午游中山塔,下午访黄河水灾委员会宋子京,未遇。宋子京是宋子文的弟弟,林散之因为曾经担任赈灾总指挥与其有过交往,二人皆互为赏识。在开封停留二日,宿隆兴客栈。作有《陈桥驿》诗。

4月8日,林散之乘火车夜半到达河南孝义,宿车站旁一土洞。9日由孝义寄信回家,询问家况。相约家信回复到洛阳。作《倦夜》诗云:"在家思离别,才别即思家。被冷难成梦,灯残易结花。春随人意远,月共树阴斜。苦索枯肠句,来安仰面嗟。"林散之本来以为孝义离嵩山很近,其实尚距离有一百五十里路,并且由于当地盗匪猖獗,很少有人出游。没办法,林散之只好请了一个卖面饼的带路人张长松做伴,重新整装,进入嵩山之麓。

4月10日,离开孝义,出孝义东南行至西涉村,村为一山镇,已晚,宿西涉村。作《西涉村》诗。

4月11日,晨起,别西涉村。南行,登玉带山。经三冲至扳扳倒井,借宿当地乡民人家。

4月12日,一大早就起来,林散之二人游览沟阳关。绘《沟阳关》图,作《沟阳关》诗。参观了龙潭寺《龙潭寺碑》,林散之评价为"分书甚精"。又走了十里,游览中岳庙。此庙在太室黄盖峰中,院内多汉柏、唐宋人碑刻,古茂可爱。晚宿中岳庙。作《卢岩》诗。

4月13日,晨起,由岳庙左上十里至黄盖峰。越东峰,抵天门。皆石崖重叠,下瞰绝壁,险临无际。随从张长松告诉林散之,这里为大铁梁桥。林散之绘《铁梁桥》图纪念。

4月14日,参观嵩阳书院。嵩阳宫初名太室书院,宋改嵩阳书院,为二程先生讲学之所。因洛阳理学家程颢、程颐兄弟,以及范仲淹、司马光等,在此讲学,名声大振。

4月21日,到达偃师。张长松完成任务,回去了。林散之乘火车到洛阳,找了一家小旅馆住下,在洛阳留七天,一是整理诗稿、画稿,一是等家信。在洛阳停留期间，游览了龙门、关帝陵、唐明皇陵等地。

4月24日，游览洛阳东二十五里的白马寺。寺内有至顺四年（1333年）《洛京白马寺祖庭记》碑亭，亭内为元代所遗存的大碑。通高三米五，宽一米一五。碑额"洛京白马寺祖庭记"八字为篆书。此碑立于元代至顺四年，由华严名僧白马寺住持仲华文才生前撰文，记述佛教源流和白马寺的始末。碑文中称白马寺为"祖庭""释源"。此碑传为赵孟頫所书，碑文正书，字体潇洒工丽，丰神秀骨，实为不可多得的书法艺术珍品。

等了七天，还未接到家信。林散之不能再等，4月28日动身乘火车去潼关。临行时又去邮局查看，恰巧家信到了。家书抵万金，收到信的林散之欣喜万分。信中，家人告知他家中一切安好，唯独希望他早日回家，不要再远去了。但林散之此时游兴正浓，不肯半途而归，还是按原计划继续西进。

林散之没有听从家人劝告，一味只是要继续西游。他哪里知道，未来的行程充满了凶险，如果不是他运气好，很难平安归来。在他接下来的西行途中，一共遇到了九次大的危险，真可谓是九死一生。

第三节

九死一生

林散之离开河南，坐火车进入陕西，开始他的华山之旅。从他4月底到潼关开始，一直到当年11月份由水路从四川回家，他一共经历了大大小小十几次险情，有几次差点死在路上。在他回家后撰写的游记中，记载了九次险情，每一次都是命悬一线。

在那个时代，政府无能，军阀泛滥，社会治安很差。林散之所去之处，又全为荒僻之地。他一介书生，孤身一人完成了这次远游，对他而言，真正是一次充满奇迹的旅行。

通过这次深入民间和社会的游历，林散之饱览了秀丽的山水，体察了民间生活的疾苦，更加深刻认识了人生，收获满满。这次远游，林散之行程一万八千余里，得画稿八百余幅,诗一百六十余首。这些实地考察使他的诗、书、画艺术进入到崭新的境界,为他中年后艺术的发展奠定了坚实厚重的基础。

第一次遇险,发生在游览太白山斗母宫的路上。林散之差一点丢失了全部的盘缠,如果不是运气好重新寻回,那也根本没有后来的万里远游了。6月10日,林散之与雇用的导游一起攀登太白山。路上,林散之发现藏钱的竹杖不见了。原来,向导张益荣在登山途中感到竹杖累赘,将其抛弃。向导不知道的是,这根竹杖里面藏着林散之所有的钱财。由于当时时局混乱,深山老林盗匪猖獗,林散之的盘缠不敢随意放在身上。为了掩人耳目,提防盗贼,林散之想出一个办法,他将从家里带来及沿途朋友赠送的银圆换成纸币,塞进随身携带的拐杖之中,用破布封住口,从外面看不出有何端倪。由于向导不知情,竟然将拐杖丢弃,林散之又不便对张益荣明说,只好婉言劝说他回头去找。沿路返回一路寻找,终于在一处山崖发现竹杖被藤蔓托住,没有坠入山谷。林散之找回拐杖后,再不敢交给向导携带,自己牢牢地系于行李上。他对不解的向导解释:"这虽然只是一只竹杖,但跟着我旅行很久了,是我的好朋友,我舍不得丢失它。你以后千万不要再给我丢失。"向导看林散之费半天劲就找回来一只竹杖,并且将拐杖当成好朋友,只好笑笑说:"林先生啊,您真是一位书呆子。"

第二次,出斗母宫,夜宿山洞,几乎被熊咬死。二人从斗母宫离开后,晚上暂时住在一间山洞里。睡到半夜,两人被洞外的动静惊醒,原来是一只黑熊闻到了人的气息,在洞外搜寻。如果不是睡前两人用一些乱石堵住了洞口,肯定会死于熊口之下。

第三次是因为天气陡变,断路绝食,几乎饿死。6月12日,两人在距太白顶峰拔仙台三里路的地方,突遇大雪,山路不能行,饥寒交迫。幸好次日天晴,得免于难。

第四次是在下山路上,由于连续走了三百里山路,加上吃不好睡不好,林散之身体突感不适,头晕目眩,呼吸困难,不能走路。在这生死攸关之际,被山民所救，休息两日方才能够上路。

第五次遇险：6月16日，离开山民家数十里，与一伙强盗正面遭遇。林散之冷静与之周旋，盗贼没有发现藏于竹杖中的钞票，看他只是个游历画画的书生，只抢去了小部分银圆就放过了。

第六次遇险：从太白山到汉中，经过古傥骆道途中，林散之撇下向导，自己攀岩而上，寻找观赏风景的绝佳角度。上了一处悬崖后，落脚处有一块巨大的石板，林散之正沉浸在优美的风景之中时，突然听见嘶嘶声，定睛一看，石板角落处上盘曲着两条巨蟒，头如小桶，身粗如柱，正在沉沉酣睡。林散之吓得两眼发黑，头脑发晕，略一定神，急忙转身向崖上爬去。找到向导后，林散之二话不说，拉起他就逃命，一直跑出去几里路，才敢将刚才的遇险告诉向导。如果当时将蟒蛇惊醒，林散之很可能会遭遇不测。

第七次遇险是因为遇到了黑店，差点成为店主的刀下之鬼。6月20日，游览完城固观音阁后，夜晚二人住在一家小旅店内。那时匪盗有"行盗"和"坐盗"之分。前者是在荒僻路上对行人"拦路打劫"，只要被盗者不反抗，交出财物，则不一定被杀害。就如林散之之前遇到的那伙强盗。还有一种是"坐盗"，开有旅店，正常经营，表面上供行人休息住宿，实则是黑店。如果客人带有财物或孤身一人，盗匪既劫其财，必杀人灭口，以免暴露。林散之和向导就住进了这样一家黑店。店主是一对夫妻，当林散之和向导睡下后，夫妻二人悄悄议论，磨刀霍霍，打算动手。林散之知其非善类，逃走已不可能，他急中生智，大声将向导叫醒，说要寻一写生画册，借此将所带行李全部打开。这对夫妇窥见囊中全是破书碎纸，无一值钱之物，大为沮丧。林散之与向导张益荣幸免于难。

第八次是从汉中至成都途中。时值蒋介石对红军"大围剿"期间。红四方面军主力在徐向前率领下从鄂豫皖根据地转移到川陕边境，并建立川陕根据地，当时正在与六路围攻的川军浴血苦战。林散之所经过的广元县（今为四川省广元市）当时处于交战区，所有旅店不收陌生人居住。林散之经过这里被川军抓去，关起来严加审讯。正在无计可施之际，有一位姓冯的书记官，看出了林散之实在只是个画家而已。这名军官让林散之拿出沿途所画的画稿，一一解释，并在旁边帮林散之通融。最后，部队也没有什么实际证据，总算将他释放。出来后，这名姓冯的书记官还请林散之吃了顿饭。林散之感念之下，也画了一幅画回赠。

第九次是返家途中，到了九江去游庐山。当时蒋介石在南昌设立行营，正亲率百万大军对江西中央红军根据地实行第五次大围剿。蒋介石在庐山办了个"军官训练团"，自己亲自担任团长，将整个庐山全部戒严，守卫森严，五步一岗，十步一哨。林散之哪里知道这些，他怀着游山豪情，兴冲冲地跑进了这块军事禁区。他当时旅途劳顿，没有时间打理自己，头发很长，满脸胡须，穿着又破又脏的衣服。在庐山上，为了写生，林散之到处东张西望，用笔勾勾画画。这样一副形象，加上他的那些可疑行动，很快就被哨兵抓去。林散之被押入山上的一间石窟，被审讯了一天一夜，达七次之多。这一次，又多亏是熟人出面搭救，才最终解释清楚，被放了出来。快到家了，还差点丢了性命，林散之被吓得够呛，很长时间过后还心有余悸，后怕不已。

被释放后，林散之6月28日离开汉中，徒步穿越"难于上青天"的蜀道栈道，于7月16日到达成都。林散之到了成都后，立即写信回家，并在成都等待回复。在成都期间，林散之整理了部分画稿，完成之后在当地售卖，募得了一部分钱款，当作回程之资。

信件一来一去，接到回信已经是两个月后了。林散之接到家中复信，知道家中老小平安，便离开成都，北上青城，转峨眉，沿岷江、长江而归。经过八个月的远游，1934年11月，林散之终于回到了离开八个多月的家乡——乌江江家坂。

家人看见他归来，喜不自禁，都纷纷拉着他问长问短。林散之的母亲看见他身上背着大包袱小包裹，又瘦又黑，头发胡须蓬乱，没个人样子，心里又惊又喜,大哭了一场。五个儿女,也是很长时间没有看见父亲了,都纷纷围拢上去,抱腿的抱腿,攀臂的攀臂,一个个都缠着林散之,口里爸爸长爸爸短地叫个不停。此时的林散之,再一次感受到家庭的天伦之乐与温暖,再联想起这一路的艰辛与危难,不禁落下泪来。

第二天,许朴庵、邵子退诸友都闻讯赶来。他向友人们讲述着历险的故事,直到深夜。这次远游,林散之多次大难不死,转危为安,细想起来,真是令人毛骨悚然。众亲友听他讲述这些奇遇险情,都说他"呆子有呆福"还有人说他"福人天佑",大难不死必有后福。

第四节

漫游小记

林散之归来后,开始系统整理他途中写下的远游诗稿和画稿。在好友邵子退的鼓励下,林散之还将游历中的收获和惊险过程写成《漫游小记》,于 1935 年至 1936 年连续多期发表在《旅行杂志》上,并伴有其写生图及诗稿若干。后由于抗日战争爆发,剩下一部分没有刊发。在《漫游小记》中,林散之说道:

> 性喜文艺,复好远游,山岳神奇,穷其辛苦。去年春,发轫滁山,转大梁,寻嵩高,叩潼关,上太华,历终南,横太白,登连云栈,攀剑门关,餐赤城之霞,抱峨眉之月。下巴东,穿三峡,既入高唐梦,复

招楚水魂,遂顺武汉假道匡庐而归。飘零风雨,稇载艰危,吟落山川,步仿佛。计迂曲之程,一万六千余里。得画稿八百余幅,诗一百六十余首。噫!不贤志小,各有会心,一得之偏,云何匪获?摭此漫游,计其零落,以贡当世之赏心者。

1936年,林散之游兴不减,又游历了虞山、扬州等地。1937年,林散之又与好友邵子退一起游黄山,得诗十六首,画稿若干幅。说起邵子退,林散之与邵子退是布衣之交,两人风雨同舟,垂垂数十年,老而弥坚。

林散之早在青少年时期,便与邵子退情同手足。两人谈诗论画,一唱一和,经常秉烛夜谈,通宵达旦。平日里交往相待,宛若亲兄弟。其实,两人的书之韵、画之意、诗之真也颇为近似。邵子退去世的时候,收到消息的林散之哀叹不已,写了《哀子退》一诗:

> 从今不作诗,诗写无人看。
> 风雨故人归,掩卷发长叹。
> 昨日接电报,知君入泉下。
> 犹闻咳唾声,忽忽冬之夜。

邵子退病逝后,其孙邵川从家中书里捡出诗稿整理成册,带到南京请林散之审阅,林散之边读边校,看完后用笔在纸上写道:"你老爹真保密,写这些好诗,一首未给我看,要不是病故,如何看得见呢?""今后回乌江更难受,无人谈诗,也无人谈话,写出好诗,也无人懂了,哀哉!上街也不敢走你家门前过。"过去,林散之每逢清明节回乌江扫墓,都要在邵子退家盘桓些日子。自从邵子退死后,他就再也没有回过乌江。二人真如钟子期与俞伯牙的友谊,知己不在,琴弦也就不响了。

邵子退原名光晋，自幼从其父邵鲤庭诵习诗文史籍，尤酷爱书画艺术。一生不慕荣利，淡泊自甘，高风亮节，为乡人所重。邵子退是林散之的知己、挚友，也是畏友、诤友，堪称莫逆之交。两人有共同的爱好，都学习并且秉持儒家的道德伦理。但两人在性格或者说禀赋上，却有着很大的差异。林散之勤奋，身上有一股蓬勃的朝气；邵子退则显得缄默随和，波澜不惊。邵早年辍学，几废，在林散之的劝告下，才学业有继。邵子退也时有诗书画作，却大都自己收藏，很少示人。有人知道他能画，向他索画，他也不愿给人，推说画得不好。被人逼急了，他就向林散之要一张送给来人。

林散之好游历，经常约邵子退同行；而邵子退生性不好动，懒于游山攀险，因此在多数情况下不能成行。邵子退纯真质朴如赤子，林散之则豁达大度似长兄，因此彼此间的友情，经久不衰，源源绵长。

1970年，林散之从南京回到乌江，一住桥北，一住桥南，两人过往甚密。那时只要邵子退三天不到江上草堂，林散之就要拄着拐杖到村头去看望。看望不到，嘴里就念念叨叨地说个不停。江上草堂，是林散之的故居，也是他与邵子退老人结交之处。在乌江桥北江家坂村，草堂面临长江，居高临下，气候宜人，一望无垠。一日，林散之从子退处发现了一幅20世纪60年代初的山水横幅，于是借回去准备再配点诗句上去。谁知道过了一段时间，画却不见了，一时又找不到，这时邵子退气愤地说他是个骗子。林散之无言可对，一气之下，上街来到邵家，每次画一两张小册页。几天后，完成小画十七帧，送给了邵子退，并风趣地说："说我是个骗子，这十七张画够不够赔你呢？"1973年林散之搬家到南京，从旧纸堆里找到了原画，并且将小画十七帧裱成册一道亲自交到子退手中，生气地说："像这样的骗子你多遇几个吧！"为此，邵子退记下《题散之为我作小画十七帧》："多君为我写春山，六法纵横勾勒间。第一最难书卷气，粗枝浓叶意相关。十七画帧蹊径外，于无画处得真诠。愧余不学空怀抱，辜负江头老郑虔。"而这十七帧小画，邵子退一时没有去拿，林散之还写诗不断去催："点泼十余纸，淋漓一气成。瑕瑜有互见，深浅总多情。应识残年叟，无辞太瘦生。画成君不到，明月待三更。"对老朋友的至情叙说，生动感人。

邵子退体弱，患有很顽固的哮喘病，每年冬季都要发作，发病时咳嗽不止。林散之知道后，就会连续几天吃不下饭、睡不好觉。一年，邵子退又患了病，需要中药贝母治疗。那时是一个物资匮乏的年代，乌江没有这种药，南京一时也买不到。林散之终日为这件事发愁。有人来向他求字，也一概拒绝，说没有药给子退治病，哪有心思写字。

说来也巧，这时有一个从四川专程来找林散之求字的人，见林散之急寻贝母，马上说自己带有地道的四川贝母，说着将一包川贝送到林散之的面前。林散之喜出望外，真是"踏破铁鞋无觅处，得来全不费工夫"。他拿着药材，连声对家人说："好，好，赶快把药送到乌江，治病要紧！"第二

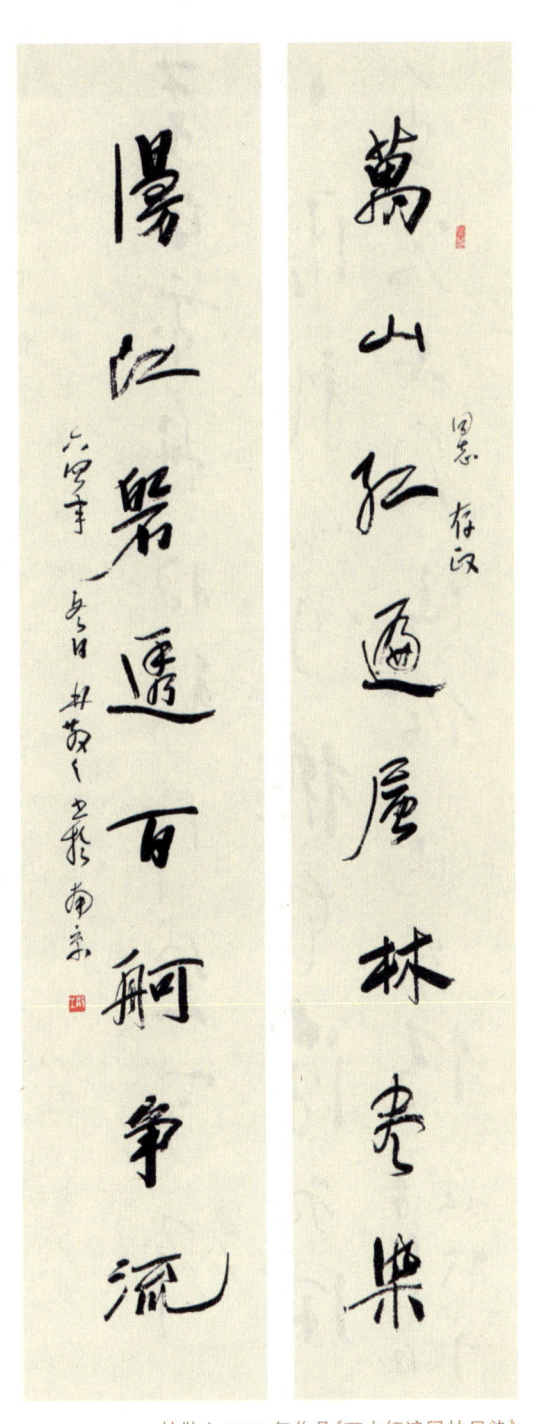

林散之1964年作品《万山红遍层林尽染》

林散之作品

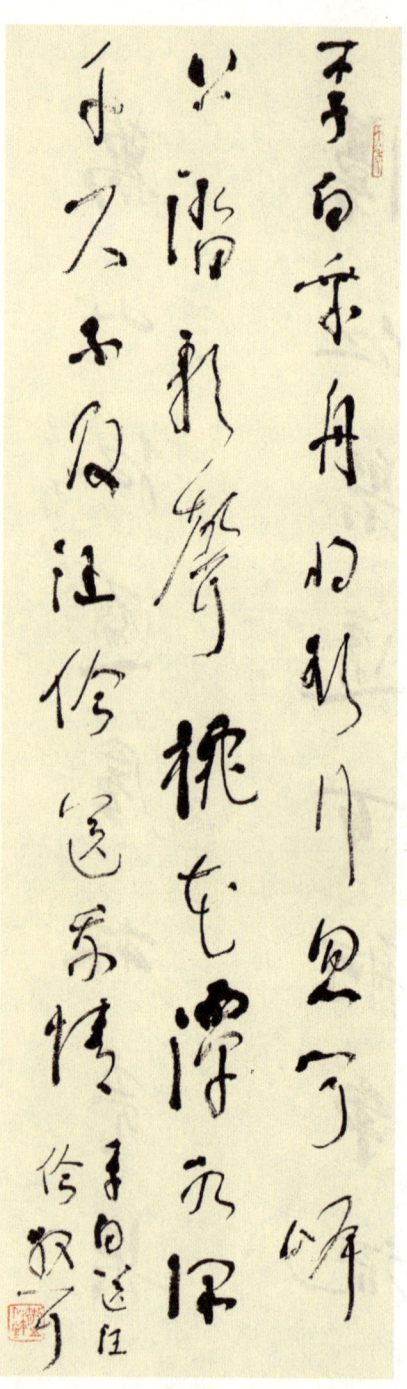

天，为表示感谢，他一口气为送药的人写了四张条幅和一副对联。

　　林散之对朋友的赤胆忠心，对朋友的真挚、对朋友的关爱、对朋友的诚信如一，非常令人感动。这也是他一生坚守的原则，对待知己好友，常常是热情如火，毫无保留。

第五章

战争岁月

ZHANZHENG SUIYUE

第一节

抗战烽火

　　1937年7月7日夜，卢沟桥事变，日军占领了北平丰台，抗日的烽火燃烧到了华北。不到一个月的时间，北平和天津相继失陷。8月13日，日本侵略军进攻上海，军民齐心抗敌。经过近三个月的浴血奋战，11月11日夜上海沦陷。11月12日，日军占领了上海以后，兵分两路，进攻南京。为了配合陆军的进攻，日空军开始了对南京及南京周边地区的轰炸。林散之的家乡也未能幸免，江浦、乌江、和县一带都成了日军的轰炸目标。

　　作为一个乡村的知识分子、在地方上有些声望的士绅，林散之一开始，就对于日本侵略者有着清醒的认识，对这场战争和当时的时局有着自己的看法。早在卢沟桥事变发生之后,刚听到平津失守的消息时,他就震惊异常,作《闻警》诗一首:无端风雨又东来,惊喜都从报纸猜。昨日得逢故人子,始知敌已下丰台。

日寇长驱直入,战局危险,但他深知,看似强大、嚣张狂妄的日寇虽然暂时占了上风,但侵略者历来没有好下场。一旦唤醒了全体民众的抗战决心,胜利终将属于人民。日寇的飞机几乎每天都在头上盘旋,肆无忌惮侦察、轰炸,但林散之仍然坚持在江上草堂教书育人。他自己的书画创作也从未中断,有时还会冒着危险去乌江镇上会会朋友。一直到了12月13日南京失守,国民政府宣布迁都重庆,战局变得更为凶险。

1937年12月上旬的一天,日军轰炸乌江镇。当时,林散之正在乌江南街范管臣家与朋友会面。听到轰炸声,一群人赶紧往外跑,才跑出百十步远,后面房子就炸倒了;再跑,机枪、炸弹就跟在他后面追着。林散之一头跑进汪家棉花行中,才进到二进中厅,忽从房顶上穿入一个大炸弹下来,有二尺多长,离他只有一丈多远,结果炸弹没炸。林散之慌慌张张跑回家,对家人说:"日军轰炸了乌江!一枚炸弹就落在我的面前,幸亏没响,我命不该绝啊!"

南京失陷后,日寇制造了惨绝人寰的"南京大屠杀",几十万同胞死于敌手。乌江离南京很近,日军在南京大屠杀后,一种恐怖的情绪,一直笼罩在林散之的心中。南京有他的亲戚和朋友,他决定到那里去看一看。1938年的秋天,林散之临行前,恰逢秋雨。"客已不能睡,况闻风雨声。盐米家家急,萑苻夜夜惊。明朝西江去,更怯一舟横。"(《客夜》)"西江未可渡,风雨太凄其。""惆怅秦淮路,芳尘隔子尼。"(《苦雨念在京友人》)"风雨连三日,客楼意转迷。""秣陵几时到?沉醉六朝西。"(《雨不止》)

林散之记录下了他去南京的所见所闻:大雨整整下了三天,第四天风雨趋缓,终于等来了小轮。"风浪今天缓,迟疑水自回。人从七坝远,帆向上河开。望眼惊新鸟,匡时想霸才。一船何济济,凄绝过江来。"(《过江》)林散之到南京后,住在妻弟盛德阀家。

进城后的林散之目睹了日寇在南京城制造的灾难。昔日整洁宽敞的街道变得人烟稀少，路上的行人行色匆匆、面带愁容，马路上很少有妇女经过。

林散之对南京再熟悉不过，他少年时曾经在这里学艺三年。但今天再来，一切都变了，以前那座六朝古都、金陵之城，如今已是面目憔悴、黑云压顶。林散之看着一队队日本兵在马路上耀武扬威地跑动，心中一股怒火和仇恨不由自主升腾而起。他作了《都中三首》，其二首云："白日凄迷路，仓皇走故都。川途忆仿佛，血肉认模糊。玄武多新垒，黄炎空旧图。苍凉一天雨，洒遍莫愁湖。"

随后不久，第二年春天，林散之的家乡也沦陷了，日寇占领距乌江四十里的和县城，不久又进驻距乌江二十里的桥林镇。日军常来乌江轰炸，乌江镇被炸得浓烟滚滚，烈焰冲天，大半条街被炸为平地。随之而来的是日军的"扫荡""清乡"。烧杀抢掠，无恶不作。

林散之再也无法继续在草堂教书，再不走，只能死在敌人的枪口之下。无奈，林散之只好带着全家逃难。先后去过王村庙、杨家村和百姓塘邵子退家，以及妻子盛德粹的老家和县绰庙乡盛家山等山村。

日寇的罪行，罄竹难书。苦难和流血，几乎日日都发生在林散之的眼前。1938年4月24日，日军占领和县后，面对着毫无反抗能力的老百姓，大肆杀戮。他们用枪打、用刺刀挑、用火烧，一日之内，在和县杀害了四十一人。被杀的人有耄耋老人，也有尚在襁褓之中的婴儿。在江浦县，日军一次就杀死三十多人，一名姓陈的大学生，因为患了肺病，从南京返家疗养，竟然被日军绑在树上，浇上汽油活活烧死。

此时的林散之已年过四旬，他恨自己不再年轻，无力拿起刀枪御敌；他也恨这个国家软弱可欺，更恨侵略者的惨无人道。他只有拿起笔，一首一首写下那些滴血的诗章。整个抗战八年，林散之大概写了三百首揭露敌寇暴行、歌颂国人抗战的诗篇。其中在他给邵子退的诗中云："只觉今年春恍惚，伤心江海有诛戮。故鬼不归新鬼哭，乾坤莽莽几堆骨。""凄迷春草血痕斑，乡里逃亡尚未还。四野于今多白骨,中原何处是青山?"这是林散之亲眼所见,亲身所经历的真实画面;累累白骨,滴滴鲜血,向世人揭露日军大屠杀时的血腥暴行,他用诗把它记录下来了。

长期逃难在外,总不是办法。农民是离不开自己的土地的,他们要靠种田吃饭,除了自己的家,他们也无处可去。逃难途中,衣食无着,难民们过着艰苦的生活,有的孕妇,甚至把孩子都生在了路上。日寇占领家乡后,林散之和乡民们为了活下去,只好白天躲避,夜晚回到村里干活。种庄稼不能误了农时,即使冒着生命危险,也要继续种田。有的到几十里外的山区避难,也是赶回来夜里干活。抗战初期一两年,家乡的农民就是这样种田。后来,农民们渐渐想出了一整套对付日本鬼子的办法,他们在家宅附近挖一个很大很深的地洞,洞口很小很隐蔽,有的在室外,有的在室内床下或锅灶下。不好挖地洞的人家,就临时向圩心水网地区跑。这里的乡亲每户都有小船,一是平时做交通用,一是在破圩时救急。鬼子不熟悉道路,进入村庄后,一般不轻易向水网地区扫荡。鬼子兵一走,大家就都出洞或从圩心回家,该干啥干啥,照常做家事和种田。

这种提心吊胆的生活,毫无幸福可言。村民有时见了面,总会彼此议论几句,大家都想知道,何时才能赶走日本侵略者,重新过上昔日安定的日子。也有人会透露点消息,说哪里哪里又出了一个抗日武装,和鬼子又打了一仗。林散之则会自己独自去到江上草堂,一个人静静待一会。由于总是逃难,没人打理,草堂已经破败不堪,荒草长到了半人高。他也很少有机会写字画画了,以前作的诗稿、画稿和临帖,也遗失大半。战争,给民众带来了切肤的苦痛,也给艺术家带来了灭顶之灾。

第二节

义救乡邻

战争发生后,林散之为了躲避日寇的杀伐侵扰,时不时就要带着家人逃难。这种居无定所、提心吊胆的生活,严重影响了他读书、写字。那时的他,在当地甚至整个皖东,已经小有名气,许多人知道他的书画俱佳,有机会就向他求字、索画。林散之没办法,也是不忍丢掉自己的艺术,只好将笔墨纸砚和几本最心爱的书装在一个竹篮内,遇有敌军扫荡,他什么也不带,只将竹篮提起,挎在腋下就跑。有点宝贵的安静闲暇时光,他就看看书,写写诗,借以排遣心中的愤懑和忧思。

1940年,乌江镇上来了一拨"抗日武装",团长叫刘正奎,本是草莽江湖出身。抗战初期,各地出现了许多抗日力量,这其中良莠不齐,有一些打鬼子不行,祸害老百姓、发国难财倒是很在行。刘团长的部队就是这样,他带着队伍驻扎乌江镇,强迫当地百姓和士绅为他交纳"军粮""军款"。遇到抗命和反对的,就以"汉奸"和"通匪"名义抓起来。他一气抓了上百个人,限期要求家人拿钱赎人。兵荒马乱,老百姓吃饭都成问题,哪有钱交给他。过了几天,刘团长看没人买账,竟然真枪毙了一个关押的人。有钱的家庭吓得失魂落魄,只好东拼西凑交付赎金;没钱的想交也没有银圆,只能一家子抱头痛哭。

为了救人,有人想到了林散之,觉得他人品正派,有公义,也有威望,就托付他搭救。林散之感到很为难,他从年轻的时候,就很不喜欢与当官的权贵打交道,只是一味读书。如今乡亲找到他,人命关天,为难也要去试一试。

林散之与这位刘团长,打过一番交道。驻军刚到乌江时,刘正奎就来拜访过林散之,一方面虚情假意说是看望地方士绅、强化军民关系,一方面也要林家出钱买两支枪劳军。正当林散之束手无策之时,一个人的出现,解了他燃眉之急。这事发生没几天,刘团长的顶头上司李本一旅长也来乌江"视察"。李本一虽是个军人,却以儒将自居,平时喜欢舞文弄墨,与许多文人雅士都有来往。他来乌江后,因为仰慕林散之的才名,派人将林散之专程请去,一起游览当地的名胜项王墓。游览途中,李本一可能是感慨项羽的命运,诗兴大发,请林散之写诗纪念。几番推辞不过,林散之略一构思,写了两首五律:

> 逐鹿风云变,青青又几春。
> 依稀灞上日,寂寞帐前人。
> 天地仍烽火,干戈几晋秦。
> 犹余叱咤气,怒目向人嗔。
> 多君来此地,柳色渐青明。
> 蛙鼓声声闹,鸿飞阵阵惊。

挥戈还落日，投笔请长缨。

眼见江东水，翻腾意未平。

  李本一毕竟是读过书的人，看了林散之的诗，连声叫好，佩服得很。他对着随从和其他嘉宾连连说："果然是名下无虚士！"从项王庙回到乌江镇，李本一派刘正奎亲自来林家，邀请林散之赴宴。席间，李本一坚持让林散之坐上座，并且当众说："我此次来，李长官（指李品仙，当时的安徽省省长。）当面关照我，要我代表他向林先生问候，望林先生把我当作学生看待。"宴席完毕后，李本一又向林散之索字画，并亲自卷起衣袖，替林散之磨墨、拉纸，恭敬有加。

  本来，刘正奎以为林散之是块"肥肉"，想利用他的威望帮他捞钱，如今见自己的顶头上司对林散之如此尊重，还以为林散之有什么大的背景。他不仅不再要林家交钱买枪，反而要送两支枪给林散之。此事很快在镇上传开，乡亲邻居都纷纷传说，林散之在省里认识大官，连李本一都喊他"老师"。

  这种消息很快便家喻户晓。那些家人被抓的穷人家，都来找林散之救命，去说情放人。有钱的人家，不管是以"汉奸"或"通匪"名义被抓去的，送足了钱，人都放了出来。未放出来的只是一些交不起钱的穷户。都是穷人，这么多人命怎能见死不救呢？林散之只好硬着头皮去找李本一，由他本人和镇上一些头面人物出面担保，把被逮捕的人全部放了出来，在册的名单也一律不予追究。

  还有一次，有个自封的"游击队长"杨太贵，抓了林散之的一个乡亲，非说他串通"新四军"，必须枪毙。这名乡亲本就是个老实巴交的农民，不知因为何事得罪了这位杨队长。遇上这个大难，家中的老父母找到林散之，哭泣着哀求，请林散之出面协调搭救。林散之对于这名"游击队长"的斑斑劣迹，平素里就早有耳闻，避之唯恐不及。但这家只有这么一个独子，他只好咬咬牙，忍气吞声地去了。最后人被放出来，总算捡了一条命回来。

  旧社会，老百姓生存艰难，遇上乱世，就更加艰难。各种恶势力，打着抗日的旗号,在林散之的家乡肆意妄为,乡民的生活,真是苦不堪言。林散之在当地有很高威望,谁来了都想拉拢、利用他,喜欢主动同林散之"交往",找他索要字画。可他个性淡泊,不慕名利,厌恶与这些势力交往。

中年以后,林散之除了教授学生之外,最喜欢的就是和一些文人朋友往来唱和;闲暇时,也会和邻近的乡亲在一起闲谈。他不屑于和一些恶势力中人物接触和周旋,认定不是一类人,没有什么好交往的。但这些人又全都不能得罪,如果不慎得罪了其中哪个,那就要倒大霉,甚至有杀身之祸。

第三节

江浦血泪

抗日战争三年后，形势发生了变化，在全国同胞的合力抗击下，加上日寇由于战线过长，不得不放弃之前"迅速灭亡中国"的妄想。他们按照日本政府的部署，改变侵华策略，一方面调集武装，继续攻击抗战军民；一方面拉拢国内的汉奸和骑墙派，意图持续分裂中国，瓦解国人的抗日斗志。抗日战争进入相持阶段。

1941年，江浦县突然来了许多日本鬼子，在镇旁筑起营房，周围拉铁丝网、挖壕沟。日本兵常驻在这里，林散之的家乡成了沦陷区。修营房的时候，鬼子砍伐了江上草堂的大量树木。林散之听说后，半夜悄悄地跑回家。当他看到他心爱的松树被砍伐殆尽，园子只留下一个个突兀的树桩，气得浑身发抖。趁着夜色,他又偷偷潜回家中,探望久未见面的老母亲。母子二人见了面,说起这些艰难耻辱的日子,不由得都流下泪来。

抗战后,林散之不得不带着老婆孩子出去躲避,但他的老母亲说什么也不走。老人家对儿子说,自己已经是行将入土的人了,不怕死。就是死,也要死在自己的家里。她叫林散之把家小照顾好就行,平时不要冒险来家。这个夜晚,母子二人一夜未眠,老人说常有汉奸到村上抓壮丁,要粮要钱。鬼子下乡更不得了,人跑就开枪打,蒲圩几个人被打死了。林散之也将孩子的情况告诉母亲,让她不要担心。一直到天快亮了,林散之才洒泪辞别,从后山林木深处出走。

这次回家后,林散之难以抑制心中的悲愤,写成《夜归》诗:

> 星光不明露草深,夜半到家敲破门。
> 老母仓皇儿失色,腹枵腕痛眼昏昏。
> 母言别后事多苦,山松剪伐余其根。
> 又言街头情更惨,穷饿之徒无一存。
> 闻言怆恻不能睡,仰天长吁心乱烦。
> 鸡鸣独去不择路,河汉倒影天一痕。
> 西方有神东方鬼,时遇残骸野狗吞。
> 砰砰訇訇又炮响,左右窜伏奔前村。
> 呜呼人生胡如此?浩劫之成谁所使?
> 君不见,黄河水祸数百里,十口之家八九死。

日寇进驻乌江不久,在地方上实行"以华治华"的方针,成立"维持会",扶植走狗伪政权,收编、组织汉奸武装部队"绥靖队"。这种手段,连老百姓都骗不了,更何况那些知书达理的文化人,稍有民族气节的人,不肯当汉奸;只有那些汉奸走狗,才会积极响应,嘴上讲的是我不入地狱谁入地狱,实际上是认贼作父,为虎作伥。

一年夏天,有个日本翻译官想要一幅林散之的画作。他托本地维持会的会长,找到林散之要字画。林散之当即就拒绝了,说早已不再动笔。会长碰了钉子,恼羞成怒,托人给林散之带话,要他识相点,否则就会惹祸上身!友人听说了,也劝林散之不能把他们惹恼了,说这个维持会的会长认识"皇军",是为日本人办事的。林散之仍然不愿与这些人周旋,对外放风说身体有病,需要治疗,然后就跑到南京、上海等地避风头。

1944年夏天,林散之遭遇了一次灾祸。这年夏天,国民党游击队长袁灿带着队伍从句容县转移到乌江一带活动。有一天晚上,袁灿和几个随从到了林散之家里,只待了一会就离开了。到了半夜,林散之的家门突然被砸开,从南京来了一批日本宪兵队和不少汉奸便衣队,将林散之家和整个村子围得水泄不通。

一番鸡飞狗跳的搜查之后,日本宪兵将全体村民集合到村头,单独把林散之拖到旁边,用手枪顶住。有个小队长当众训示,要求村民交出袁灿,或者说出袁灿的下落,否则决不轻饶。那时游击队在沦陷区活动,行踪不定,一夜能换好几个地方,林散之根本不知道袁灿去了哪里。即使真知道,他也不会告诉日本人。

折腾了大半夜,到了天已经大亮了,日本宪兵还是没有得到袁灿游击队的确切下落。恼羞成怒的日本兵盘问不出结果,就强行将林散之的夫人和他的两个儿子昌庚、昌午抓起来,带回炮楼。日本人扬言,找不到游击队,人质就别想回家。

在回炮楼的路上,林昌午胆子大,借着混乱偷跑掉了。第二天,宪兵队带话来,限林散之三日内交出袁灿,否则枪杀母子二人。飞来横祸,林散之一介书生,被吓得手足无措,失魂落魄。这才是秀才遇见兵,有理讲不清。他的夫人和孩子被关到鬼子碉堡旁的一间小房子里,正值酷暑,里面潮湿阴暗,蚊虫又多,母子两个人在又小又暗的房间里,连惊带吓,一口饭也吃不下。到了晚上,蚊子几乎能把人吃了，母亲彻夜未眠，一直在为孩子驱赶蚊虫。这种非人的折磨，简直就连牢房都不如。林散之在外面急得团团转，幸亏他平时声望高，人缘好，当地的士绅和百姓没有袖手旁观，多方出面，连带作保，费了很多周折，才在期限内将母子二人放出来。

事后，日本宪兵还威胁林散之，叫他日后识相点，不要做有损"大东亚共荣"的事情，否则还会被抓。在《书示子退诗》中，林散之表达了自己对此事的痛苦心情：

夏日之日真如火，避人赤脚草堂坐。
肥甘岂敢恋高遁，左右抽旋冀免祸。
卢沟事忆天中节，转眼今年又六月。
返魂之香在何年？碧草几成苌弘血。
乃今手读文山诗，中心酸苦不自持。
我问文山何如此，国破家亡丈夫耻。

为了巩固占领，日本人硬的不行，就来软的。1944年冬，驻兵古河的"皖东游击司令"柏承君，派专人来接林散之去驻地"参观、玩一玩"。此前，林散之的一位好朋友谷沆如，正是死于此人之手。如今命令来了，如何是好？想来想去，林散之觉得这人实在是得罪不起，只好提心吊胆硬着头皮去了。到了那里，柏承君倒也没难为他，好吃好喝招待，还安排林散之去学校看望他在当地读书的两个孩子。林散之住了三天，托言老母有病，找个借口辞别回家了。回来后的林散之越想心里越气，当亡国奴的感受，真不是滋味。

在那战火纷飞、民无宁日的动乱时代，"夜宿石壕村，有吏夜捉人""烽火连三月，家书抵万金"。林散之深切体会到战争的痛苦、和平的可贵，亲眼看到国家落后就会挨打的悲惨结果。整个抗战期间，他以诗言志，写下三百多首诗。林散之后来将这些诗叫作"苦诗"。在诗中,他痛心大片国土沦丧,惊叹"敌已下丰台"。之后,合肥失守,长沙大火,他写道:"自抱兴亡恨,干戈又合肥。有魂招楚水,无泪哭长沙。"自国民政府迁蜀,战事消沉,又写出"凄迷春草血成斑,乡里逃亡多未还。四野于今唯白骨,中原何处是青山"的诗句。

看着国土一寸寸沦陷,他希望"声声唤渡河"的宗泽那样的爱国将领来"收拾旧桑乾"。但现实是只见到那些发国难财的和扛着抗战大旗天天摆"人肉筵"的吸血鬼。林散之写下:"兴亡都不管,谁谓有心肝。"对日本军国主义发动的侵略战争,抗战一开始他在诗中写道"帝国误空槐",料定侵略者非正义的战争不过是南柯一梦而已。

经过十三年战火熬煎,1945年8月15日,日本宣布无条件投降,中国人民在付出了无可复加的巨大牺牲后,终于赢得了抗日战争的胜利。林散之高兴异常,他以为,珍贵的和平终于降临,再也不用过那种东躲西藏的悲惨生活了。

第四节

迎来解放

抗日战争胜利后，林散之原以为可以过上安生日子，重新恢复他读书、写字的恬静生活。谁知，腐朽的国民政府，此时已经失去了民心支持，踏上了穷兵黩武的内战之途。大大小小的官吏根本不顾老百姓的死活，只知道搜刮民脂民膏。人民的失望和怨恨，犹如潜行于地下的暗火，正在悄悄酝酿着巨变。

经过三年内战，1949年春，失道寡助的国民政府当局和战局都面临着无法收拾的窘境。人民解放大军积蓄力量，准备渡江作战。国民党军队在长江南岸重兵布防，企图依据天险，做最后的挣扎。

沿着长江，国民政府军队在江北设立许多"桥头堡"，林散之家乡驻马河口也是桥头堡之一,驻有部队。可是"桥头堡"之外十多里,就都是新四军的天下。两军对峙,一触即发,形势危急。这时,有些朋友把共产党说得很可怕,劝林散之南逃避难。

林散之此时对共产党和他们的政策了解很少,只是听到一些传闻。但他读古书很多,熟稔中国历史,对历史的发展规律和政权更替的原委了如指掌。他很小的时候,还是满清政府的统治,后来又经历了北洋政府、民国政府等好几次的改朝换代。他深知,得道多助失道寡助,得民心者得天下。他对待自己的前途命运有一个简单而朴素的想法:共产党是和国民党争天下的,共产党是为人民斗争的;自己一生清白,也是一个老百姓,共产党不会无缘无故伤害自己。因此,他没有举家南迁,仍然住在家乡,安心从事他的诗书画艺术创作。

事实果真如此。随后发生的事情,证明了林散之的判断。1949年4月23日,南京解放。林散之的家乡也随即建立了人民政权,人民解放军进驻了乌江镇。老百姓的生活没有受到丝毫影响,商店照样做生意,捕鱼船仍旧在河上穿梭,农田里农民依旧日出而作日落而息。只有那些以前的达官显贵和大地主、大资本家,由于过去有血债或欺压过人民,有的逃跑了;未跑掉的,惶惶不可终日,担心自己的命运。

在和人民政权接触的过程中,林散之看到的、感受到的,一切都是那样新鲜。他发现,共产党的干部,都是年龄不大的年轻人,他们对老百姓,也包括林散之,都是那样客气礼貌,对人民群众的利益,也没有任何触动。这些年轻人,非常朴素,穿着粗布衣服,吃着和老百姓一样的饭菜。和群众交谈的时候,都是客客气气恭恭敬敬,看不到过去当官的那种耀武扬威和排场,更没有欺压百姓的言行。

1950年,林散之接到江浦县人民政府通知,他当选为江浦县第一届人民代表会议代表,需要立即去江浦县城报到,参加代表大会;理由是他为人正派,素有声望,是群众信任的人,所以才会当选。

林散之开会时，发现县里的领导干部，也都非常朴素而且平易近人，办事非常认真，没有过去"县太爷"那种官气和腐败习气。他很受感动，对人民政府更多了许多信任和敬佩。土改开始后，林散之分到了十多亩田和十间房屋，江上草堂的果园和树木仍全部由他经营。对于这个结果，林散之欢欣鼓舞，作《土改》长诗，斥责旧社会，赞赏新土改：

富者田相连，贫者足无托。
贵者饮膏粱，贱者填沟壑。
恢复地上权，解放民间缚。
眼看万家人，熙熙共荣乐。

　　新中国成立后，林散之的艺术事业开始了一个新的阶段。自跟随黄宾虹先生学画后，接着远游写生。到了中年，他的艺术正在向新的高峰迈进的重要时刻，爆发了抗日战争。在战火纷飞动荡不安的战争环境中，无疑给艺术事业的发展带来了严重的挫折和阻滞。但由于他具有坚韧不拔的毅力，在极端困苦的条件下，他仍手不离笔，口不废吟，借助书画来抒发他蕴藏在心底的炽烈情感，使他的艺术仍不断发展进步。如今，迎来了新中国成立，人民真正当家做主；新的气象、新的生活，也为林散之带来了新的艺术创作动力和灵感。

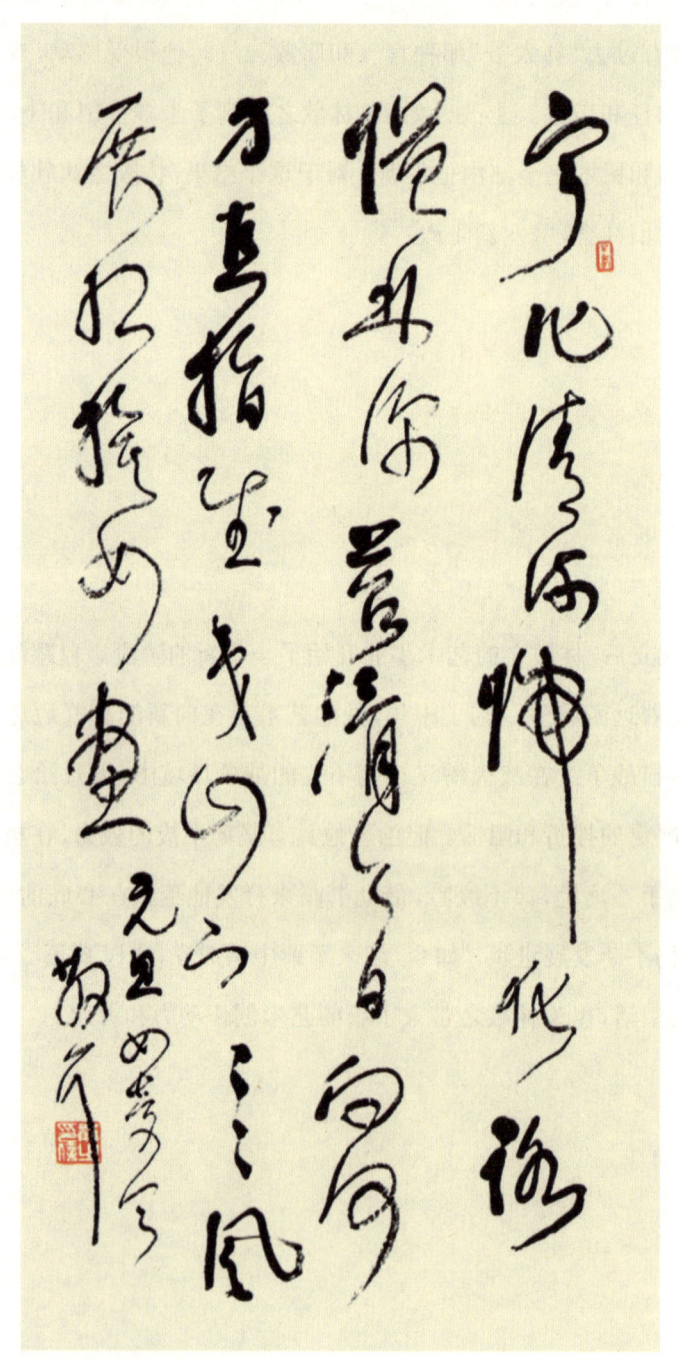

林散之作品

第六章

玄武湖畔

XUANWU HUPAN

第一节

倾情水利

  1951年以后，林散之被选为江浦县人代会常务委员，开始享受国家干部供给制待遇。他从旧社会一名普通的知识分子，变成为人民服务的国家公职人员。从此，他作为国家行政干部，一直在江浦工作生活了十二年，直到他退休后搬去南京。

  由于在旧社会曾经担任蒲圩"圩董"的经历，对修堤治水有一定的实际经验，1952年开始，林散之被人民政府任命为江浦县农田水利委员会副主任。也正是从这时开始，他对于当地的水利事业倾注了大量精力和感情，做了许多有利于当地群众的好事，促进了江浦县的农田水利事业的发展。

  1953年，由于降水稀少，江浦经历了严重的春旱和夏旱。整个江浦地区旱情严重,河塘干涸见底,水田龟裂,禾苗枯萎。附近的农民心急火燎,没有水浇地,意味着今年的收成将不保。好不容易等到汛期将近,长江水位上涨,已高过圩堤内农田。圩区内的农民,希望政府能够考虑当地的旱情,挖开江堤放江水进入圩区,以解救即将干死的禾苗。

农民的意见提出来后,县里主要领导考虑再三,不同意挖开江堤放水。长江防汛是一件大事,如果万一江堤挖开控制不住,江水从挖开的口处冲破江堤造成水灾,那就是严重的灾难。在保苗和保堤之间,政府选择了后者。

农民眼见禾苗一天天枯死,政府却不答应挖堤放水,情急之下,纷纷说政府"见死不救"。几个农民商量一下,跑来找林散之要主意。

林散之在江边生活多年,熟知江汛的规律,他也对农民有深厚的感情。看到乡亲们焦急绝望的表情,林散之劝慰大家,说一定会帮大家传达意见。他找到当时的县委书记,提出自己的建议,力促县政府开堤放水。林散之诚恳地说:"书记同志,我在圩区生活了几十年,也负责过家乡圩堤工作二十多年,对长江的防汛很熟悉。现在江潮虽已上涨,但潮水并不大,是可以控制的。"

县委书记说:"这事不是小事,你反映的情况我们可以开会研究再说。"

林散之急忙说:"眼下禾苗都已经快干死了,早一天有了水,地里的收成就能多一点。如果再旱三天,今年的庄稼就会绝收,老百姓吃什么啊?救灾如救火,刻不容缓,不能拖延!"

县委书记说:"这江水浩浩荡荡,又正是涨潮的时候,万一溃堤,再控制可就晚了。"

林散之见书记担心,他解释说:"这个您放心,以目前的汛期看,只要我们周密准备,采用在内河挖堤,用草袋装土堆在旁边,是万无一失的,不可能破圩"。

见书记还在犹豫,林散之果断地说:"江水一定要立即放,要是出事,杀我的头!"

县委书记与林散之并不陌生,深知他为人总是和和气气,也从不与领导顶撞;今天居然发了火,急得脸通红,看起来是真急了。书记马上安排召开专门会议,邀请林散之列席,专门研究挖堤放水问题。经过一番激烈争论,最后通过了一个折中的办法:同意放水,但挖堤宽度不得超过三尺,深度不得低于长江水位一尺;并在现场准备足够的抢险物资,派专人看守负责,以备急用。

领导同意了,终于可以开口子放江水了。宝贵的长江水流入了干涸龟裂的田地,被晒得蔫头耷脑的禾苗吸饱了水分,又重新挺直了"腰杆"。老百姓看到庄稼有救了,高兴得纷纷鼓掌叫好。这一年,整个江浦圩区获得了好收成。

事后,同时在现场的林散之的一位朋友,对林散之的儿子林昌庚说:"昌庚,你要劝劝你父亲,他实在是太耿直了、太实心眼了,我当时都替他捏把汗。这种事拿自己的脑袋担保,万一出事,怎么得了啊!可是你父亲从始至终一点也不害怕,真是聋子不怕雷!"

长江是中国的第一大河,水量丰沛,滋养了南方大片的土地,沿江两岸历来就是中国的鱼米之乡、富庶之地。长江中下游,有众多的湖泊湿地,平日里起着调节水量、防汛抗洪的天然作用。因此,长江虽然水量巨大,但一般不会出现

林散之20世纪50年代作品《欲上青天揽日月》

大的灾情。但如果遇到特殊年份,发了大洪水,那也就会出现大灾情。1954 年 8 月,长江出现了比 1931 年更大的洪水。全江浦县紧急动员,河工日夜在江堤上抢险防洪。

林散之作为水利委员会副主任,天天上江堤巡视。他指挥河工,用草袋装土加固江堤,防止溃堤。随着江水不断上涨,人们不得不在江堤上加筑小堤,挡住江水。为支持护堤抢险需要,林散之把江上草堂后山上心爱的树木和竹子大部砍去,献出护堤。

尽管林散之和群众使出了所有手段,终因江水太高,风浪过猛,大堤有多处决了口子。高出圩内农田两丈多的江水,犹如脱了缰的野马,翻江倒海般地通过缺口向圩区内倾泻而来。一霎时,人群大喊着从堤岸上慌忙撤退。由于水太大,堤坝出现了多处决口,人群的退路被堵,众人只好下水沿着堤坝撤退。在一个大决口内处,水流太急太猛,有三个农民被瀑布似的水流冲走,即刻葬身水底。

林散之这年已五十七岁,眼看体力不支,走在人群的最后。正在这千钧一发之际,人群中不知谁高喊了一声:"乡亲们,慢点走,一定要保住林五先!"

人群听见喊声,果然停下来,回头寻找林散之。随着喊声,几个身强体壮水性好的青年农民围拢到林散之身边。其中一个叫高华衮和另一个叫王国栋的青年人,左边一个右边一个,架起林散之的双臂,拼命向岸边走去。其他人也自动臂挽着臂,形成一条人链,护送林散之上岸。

就在人群好不容易挣扎着过了决口,没几分钟,最大的决口已被奔腾泻入的江水冲大了有一丈多宽,最深处已有一人多深。林散之上得岸来,满身满脸都是泥水,手脚都有划伤,衣服也不知何时被扯烂了。

这年特大水灾,江浦损失惨重,林散之自己的家也被冲毁了。大灾过后,林散之又积极带领乡亲抗灾救灾,在政府安排下组织生产自救,减轻了灾情。

第二节

林副县长

在担任人大代表五年后,1956年12月,林散之被任命为江浦县副县长。这是人民和政府对他的认可和信任,林散之心存感激,对待工作也非常认真负责。

新中国成立后,林散之一开始并没有被列入人民群众的队伍。虽然他对待共产党和新政权非常拥护,但由于他的出身及家庭实际情况,他最初属于被管制的人群。1950年,当地的工作组找到他,让他如实交代几个历史问题,并且对他的言行实施监管。

那时的他,出行受限,每日只能在江上草堂读书画画。草堂的大门口,还有两个民兵站岗。后来经过组织审查,没发现他有什么反动历史和劣迹,群众对他的评价也很高。政府搞清楚了林散之的问题,就将门口的民兵撤走,他也恢复了正常的生活。

政府任命他担任副县长,主要让他分管福利工作,重点是落实政府对困难家庭的补助资助事项。工作中,林散之会审核县里干部经济困难申请补助的报告,核实后签字,就可以从财政拨钱。由于林散之为人和善,看见报告上列举的种种困难,认为理所应当得到补助,往往都会大笔一挥,同意通过。时间一长,财务科长急了,找到他诉苦:"林副县长,你哪能这样批条子?我们哪来这么多钱补助?"林散之困惑地说:"人家真有困难,不补助怎么办?"这种回答,搞得财务科长哭笑不得,只好详细解释,并不是所有递上去的报告都要批准的,要看具体情况。

林散之之前没有做过手握权力的官职,加上实在不适合做这种工作,后来只好不让他分管福利,转而做一些文教卫的工作了。

一次下乡检查工作,他住在一家农户家里吃"公家饭"。休息时与这家主人闲谈,偶然发现这家农民的石门槛乃是一块大石碑,碑上满是泥土。出于对文字和碑刻的敏感,林散之隐约看出石碑上的字气度不凡。他请主人挑了一担水来,将石碑的露出部分仔细清洗,发现此碑乃一珍贵文物。

最后搞清楚后,碑上文字为明代著名理学家陈白沙(即陈献章)所作草书。陈惯用茅草代笔作草书,字体刚健洒脱奔放,极佳。这块碑是陈白沙来江浦时写的。他和江浦著名诗人庄定山等四人夜晚相聚甚欢,四人合作写了一首联句诗。诗成后,由陈白沙用自制茅草笔将诗写成草书条幅,刻成此碑。诗书皆精,刻得也很好。后来因为战乱,此碑被农民取来做了石门槛。发现此碑的文物价值和艺术价值后,林散之当即安排人将此碑取下保护好,由专人运到江浦作为珍贵文物保存起来。

担任副县长期间,林散之曾经为县里的一些建筑题写了匾额。江浦县新盖了一幢人民大会堂,县委书记素知林散之写得一手好字,于是要林散之书写"江浦县人民大会堂"几个字作门牌。这是林散之在新中国成立后第一次为政府书写匾额,于是尽心尽意地写了。他还曾为江浦电影院用隶书写了"江浦电影院"五个大字。

从1954年水灾后，林散之一个人常住江浦。因不习惯食堂伙食，饭菜冷暖不调，他开始患胃病，且逐渐加重。1956年底，胃病大发作，一口吃不下，在江浦住医院治疗近三个月才好。为了防止胃病复发，林散之还不得不拿着大米去找人换面粉。

到1957年春，林散之已届退休年龄。此时的他对书法近乎痴迷，每日只要有时间，必定会写字不停。想到自己快要退休，林散之有些高兴，终于可以抛去一切杂物，回到想念已久的江上草堂，安安静静读书写字了。

他在自己六十岁的时候，写了《六十春怀》诗，其中有"春回草阁梦蘧蘧，江上于今拟卜居""千竿修竹宜君子，一路长松自大夫"等句，表达了自己的心情和志向。他对于自己一手经营的江上草堂，也有着极深的感情。自进入六十岁后，多次作诗表达了思念回归之情。如《夜思》诗云：

牛渚经年别，乌江此夜思。
山川留素约，松竹待归时。
鹤应还巢冷，莺怜出谷迟。
一窗风缓缓，吹我鬓成丝。

年已花甲的林散之，儿女都已经长大成人，但他仍然非常关心儿女的生活。孩子出去上学时，他总是利用一切机会去学校看望，或者通过书信询问学习情况。"三年困难时期"，为了帮助工资菲薄的儿女能够渡过难关，林散之不得不跑去南京，将自己之前购买、收藏的古书卖掉，换了钱高价买些豆腐渣、豆饼、米糠等可食之物，分给困难的孩子。这些书都是他一辈子珍藏收购的，有些当时是花了大价钱的。可为了家人，他也只好忍痛割爱。困难时期，几乎所有儿女都在不同程度上得到过他的重要帮助，渡过了难关。

第三节

亚明夜访

1958年,江浦县划归南京市管辖,时任副县长的林散之以党外人士的身份参加了南京市政治协商会议,并被大会选为常委。1959年,他又当选为江苏省政协委员。

这对林散之来说,是一个艺术上的契机。人民政协的组成人员多为社会各界代表人士,尤其以艺术界的为多。南京自古为六朝古都,民国时期又为首都,集中了许多社会精英人士。

据不完全统计,林散之在江浦任职期间,大约作有诗歌二百多首。近十年的时光,工作之余,林散之主要的时间精力和意向志趣都放在写诗和作画上。在江浦,他住的房子很小,没有独立的书房,只能在卧室里搭一张书桌。为了安静不受打扰,他大多在自己的办公室看书、写诗和作字画。

在江浦时期所作的诗中,有许多诗句描述了他深夜读书和艺术创作时的情景。他"寒灯一夜蕊""月明中夜自行行""图罢三更兴未阑",作字画到深夜还不尽兴,坚持要"钻它几破窗前纸"。冬夜寒冷墨冻,使得"古墨夜难磨",甚至眉毛也冻了起来。"思涩双眉冻",他仍然"不辞辛苦夜,浸淫书卷中"。他入迷得"几回风雨夜""孤吟不觉推敲晚,春到人间尚未知"。由于当时他在文化界还是没什么名气,这一时期的大部分字画和诗作,大多为友人索去。

遇有朋友索字画,林散之都很痛快答应。他觉得,只要是同好之人,喜欢他的作品,何乐而不为?他通过作品,与朋友互通款曲,表达对人生、对艺术的看法。而他的几幅作品,无意中被一个人看到,从而也改变了他的艺术命运。

这个人,就是著名美术理论家、著名画家亚明。

亚明,原名叶家炳,是安徽合肥人,与林散之算是老乡。他1941年毕业于淮南艺术专科学校,十六岁参加革命,在新四军中起初担任记者。新中国成立后,他做过美术编辑、画报主编。亚明1953年到南京,在江苏省文联筹委会负责美术工作,开始了他的美术领导生涯,和吕凤子、傅抱石、陈之佛、钱松喦等一批大师朝夕共处,专攻中国画,擅人物、山水。

1956年,中央政府批准在北京、上海两地建立中国画院,亚明负责了江苏省国画院的筹备工作。1960年,经亚明组织、由傅抱石领队的江苏国画院一行十三人,开始了在现代美术史有深远影响的二万三千里的旅行写生。1962年,江苏国画院成立,傅抱石出任院长,亚明以江苏省文联党组成员的身份兼任副院长,实际负责画院党的工作。

熟悉历史的人都知道,江苏人文荟萃,有着非常深厚的艺术传统;尤其是绘画艺术,从东晋的顾恺之,到明清时代的吴门画派、金陵八大家,一直都是引领时代、广受推崇;到了现代,亚明的老师无锡吕凤子、南京师院的傅抱石,也都是闻名全国的著名画家。亚明立志要办一所与京、沪齐名的国画院,继续发展历史优秀的绘画传承。他深知，画院最重要的就是人才，是有个性、有创新的艺术开拓者。

1962年秋天的一天，亚明出席一个会议，在会议室的墙壁上挂着一幅草书书法作品。亚明马上被这幅作品吸引，觉得这幅草书在笔墨技法上都达到很高水平。他仔细看了一下署名：散耳。这人是谁？没听说过啊，他决定要找到作者。

亚明如此做，是因为当时他实际负责江苏省国画院的工作，由于画院刚刚成立，人才奇缺，他一直为没有水平高的人员而苦恼。经过询问，亚明知道了这个"散耳"本为黄宾虹弟子，名叫林散之，现在江浦县担任副县长。

亚明没听说过林散之，但对黄宾虹太熟悉了。黄是当时的国画界的领军人物，他20世纪50年代在无锡苏南行政公署工作时，还专程去浙江美术学院拜访过黄宾虹。如今，在他的眼皮子底下，居然就有一位黄宾虹的学生。

1962年冬天的一个夜晚，亚

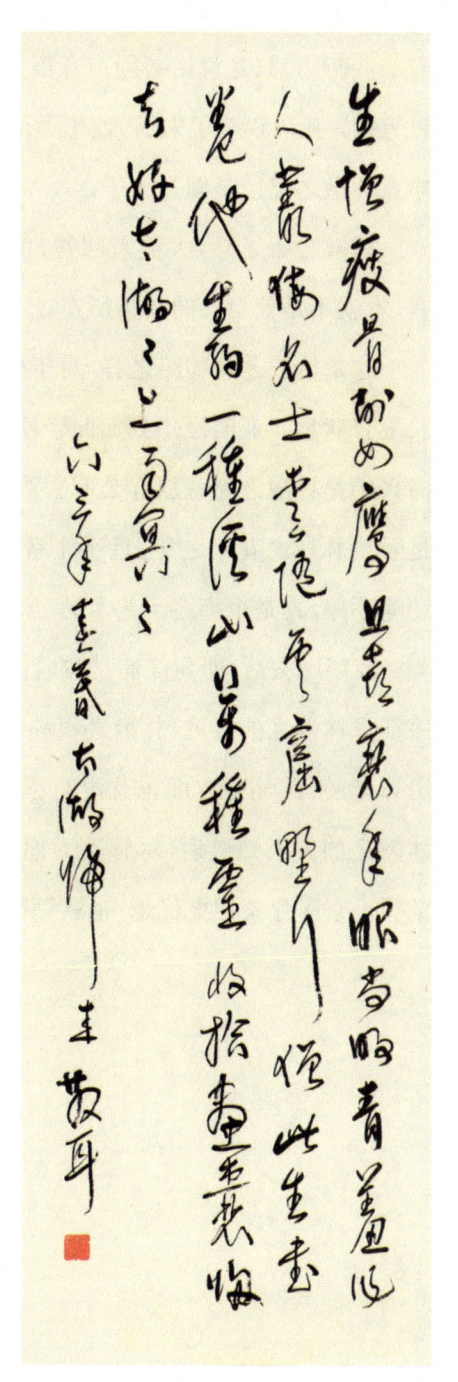

林散之1963年自作诗《归去》

明也没有事先通知，就一个人直接去敲响了林散之在江浦的家门。当林散之听说亚明的身份，很高兴，邀请客人坐下，兴致勃勃交谈起来。当时的林散之，还有一些听力，只是说话必须声音很大才能听清。交谈过程中，实在听不清，就佐以笔谈。亚明说明了来历，他想邀请林散之去国画院，但不知林散之意下如何，毕竟林散之已经是副县长了。

林散之听了后，大笑着回答，能够去画画写字正是求之不得之事，至于做官，本就不是他自己的兴趣所在。

这是林散之的肺腑之言，对于他而言，写字画画确实比在办公室里当副县长更有意思。亚明没想到如此轻松就得到了林散之的同意，他既高兴又感动。高兴的是林散之愿意放弃公职去画院，自己为画院又找到了一名人才；感动的是看到林散之花甲之年、近乎半聋，又住在如此狭小局促的房子里，仍然每日动笔不停，真是个痴迷于艺术的"呆子"。

亚明回去后，即向江浦县政府商调林散之来画院工作。江浦县政府按照程序征求林散之的意见，林散之很高兴地答应了。此时，由于林散之也已经到了退休年龄，江浦县方面也就没有强留，开始为林散之逐项办理各种调动手续。林散之的夫人知道后，尽管不太愿意离开家乡去外地，但考虑到先生的身体，觉得南京医疗条件更优越，也就勉强同意了。

第四节

结识诗友

1963年1月11日,林散之来到南京,被安排和钱松嵒同住在中央路117号幢两层楼的房子。钱和夫人住楼上,林散之和夫人住楼下。

住进南京的房子,林散之的居住环境可谓是"改天换地"。楼下共有四个房间,两间大的,两间小的,林散之终于有了一间真正属于自己的书房。他向画院借了两个书橱,一张大画桌,按照自己的心愿精心布置一番。书房内除了从江浦带来的书帖之外,又从江上草堂搬来了许多书籍、画谱、碑帖和文房四宝。家里还有一间专门的会客室,作招待客人之用。楼前有个大院落,种植有柏、槐、椿、梅、桂等树十余株。出了大门,走二百多米就是玄武湖。环境非常漂亮,风景宜人。

　　林散之工作的画院，位于长江路原蒋介石"总统府"的西花园内。房屋都为古典建筑样式，园内古木参天，百花争妍，还有一个很大的池塘。沿着池塘修筑有碎石小径，各式假山、树木点缀于园子内，真是一个曲径通幽、安闲恬静的好地方。这种条件，也说明当时傅抱石、亚明等画院领导为发展画院的良苦用心，"种下梧桐树，引来金凤凰"。亚明深知人才难得，在江苏画院创建初期，他对画院的建设付出了巨大精力，也对江苏和全国书画艺术的繁荣和发展起了非常重要的作用。

　　对于新家和新单位，林散之非常满意，他不仅可以一心一意地从事他一生孜孜追求、视若生命的艺术事业，还可以在这里找到和他一样抱负、一样意趣的同好者。对这次过江迁徙，林散之作诗形容是"好风送我过江来"。他感谢党对艺术家和艺术界的良好政策，也珍惜这次自己得到的机会。

　　1963年春节，他曾经给楼上的邻居、画家钱松嵒写了一首诗：

> 新居湖上，感激有怀，写奉楼上钱松嵒同志。
> 乃从吉日卜新巢，麟凤何期得订交。
> 松影当留三径月，滩声犹听太湖潮。
> 江南文物今年早，塞上春光旧梦遥。
> 大好山河都是稿，浅深我欲共君描。

　　到了南京后这一时期，林散之在南京结识了许多文化圈子里的人才，既有诗坛高手，也有画坛翘楚。其中，与他熟识并交往较多的有南京大学教授胡小石和南社诗社社员朱剑芒。这两人在当时，都是非常著名的学者和书法家；尤其是后者，由于和黄宾虹同为诗社社员，林散之尊称为老师。他从二人身上，学到了许多东西。

早在 1962 年 6 月，林散之在南京参加江苏省政治协商会议，会上认识了范烟桥、朱剑芒、程小青、周瘦鹃、余彤甫等诗人。林散之最喜欢与诗人交往，这一次认识了好几个诗友，他非常高兴。与同道中人在一起，有说不完的话，互相唱和、互相切磋，彼此心意相通。

林散之经常和这些朋友一起游览，秦淮河、雨花台、白鹭洲、玄武湖诸名胜留下了他们的足迹。林散之也作了许多诗歌，纪念这些时光。其中有几首离别诗，表达了他的欢愉和不舍之情：

> 几日盘桓话上林，此情已共夜潮深。
> 明朝各自分离去，江北江南一样心。
> 吴楚天涯各散萍，山楼相聚亦前因。
> 寻诗他日倘成约，驴背勿忘江上人。

这些交往的朋友中，与林散之感情最深、关系最好的，当数著名学者高二适。

高二适，江苏泰州人，为人正直，敢说敢为，在文史哲、诗词、书法的研究和创作方面，成果卓著。他出身塾师家庭，自幼饱读诗书，国学造诣很深。新中国成立前，高二适已经是大学校园里的教授了；1963 年退休后，经章士钊引荐，被聘为江苏省文史馆馆员。

大约在 1962 年的时候，高二适见到林散之为江苏省政协书写的毛主席七律《长征》时，拍案惊呼："这才叫字！真是字字精神，耐人寻味。"

高二适本人亦善书法，尤擅草书。他五十岁后取《急就章》及宋克补本研习，气韵渐淳。六十五岁后，诸体贯通，草书突破前人窠臼，自创一格。在书法实践上，他巧妙地将章草、今草、狂草熔于一炉，既有高古的品格，又有奔腾跌宕之气势，尤以线条的劲幢、结字的紧密见长，终形成"开章亦今亦狂"的独特风貌。

1963年，听说林散之来南京了，高二适请人带信，邀请林散之去家里做客。两人相见，交谈甚欢。在随后的往来中，二人彼此交流了诗作，皆惊叹不已，并由此引为知己。高先生看完林散之的诗后，赞道："诗坛一绝！"林散之看完高二适的作品，大为惊叹，未想到南京有此诗坛高手。高先生性极孤傲，落落寡合，厌恶世俗应酬交往。但他看完林的诗作，却给予了如此高的评价。

在以后的岁月里，二人由相识到相知，经常以诗代函，相互往来不绝。有一次高二适去医院装配假牙，有医生借此向高老索字。高二适的孤傲劲儿犯了，就是不给这个医生写字。字未到手，医生也拖着不装。林散之知道后说："高老不写，我来写。"结果给医生写了一张字，医生这才为高二适装上了牙齿。

1977年3月15日，高二适因心脏病发作病逝。林散之闻讯后，深感悲痛。连夜怀着沉痛的心情为之写墓碑"诗人高二适之墓"。第二天又写了一副情真意切、深含悲痛的挽联：

林散之1963年自作诗《荆溪二首》

风雨忆江南,杯酒论诗,

自许平生得诤友;

烟波惊湖上,衰残衔泪,

那堪昨夜写君碑。

1978年8月,此时林散之因病住进了医院,他不顾身体,坚持为高二适遗墨题词,对高先生的书法作了很高的评价:

矫矫不群,坎坎大树。

蕤蕤菁菁,左右瞻顾。

亦古亦今,前贤之路。

不负千秋,风流独步。

生前,高二适曾经对别人说,"我的草书天下第一";去世后,林散之对他的评价,也是在现代书家里最高的。这种惺惺相惜、彼此倚重的关系,在文人中间很少看到。二人之间的理解、尊重和喜爱,真是超乎于一般的朋友关系了。

林散之 1979 年自作诗《秋思》

第七章

峰回路转

FENGHUI LUZHUAN

第一节

主攻书法

1965 年，林散之开始主攻书法，将精力主要放在临帖和写字上。他每天天不亮起床，先在院子里打一套太极拳，待身体活动开了、四肢通泰后，开始临写两张汉隶。主要临写《石门颂》《乙瑛》《礼器》《张迁》《西狭颂》《孔宙》《曹全》等碑。林散之写完一帖，便装订成册。遇到身边的朋友和学生索取，他也随手奉赠。

1966 年初，春节刚过，林散之夫人突然病倒了，感到胸部和腰部剧痛，被送进了医院。医院诊断为胃病，经过十几天的治疗才出院。

同年 5 月，林夫人又发病，没几天，病势忽然加重，眼看着人就消瘦下去了。这一次，家人感觉不好，将林夫人送进江苏医院，经诊断，确诊为胃癌，且已经到了晚期。林散之想尽办法，四处延请名医，多方治疗，可惜夫人起色不大。到了是年8月，林夫人被疾病折磨得只剩皮包骨头。她自知不治，要求出院回家。林散之起初不同意，但经不住夫人苦苦哀求，她只是想死在家里，死在亲人身旁。无奈，林散之办了手续，将夫人接回家中。林夫人回家后，精神大爽，也能略吃一点食物，家人都很高兴。但没几天，病情恶化。1966年8月24日凌晨5时，林夫人病逝，享年六十七岁。

夫人去世，最悲痛的，莫过于林散之。此时的他，已经年近七旬，四十七年的夫妻缘分，妻子陪他度过坎坷悲惨的旧社会和战争岁月；如今孩子都大了，生活也刚刚有了改观，她却因病撒手人寰。

林散之自与夫人结婚后，妻子贤德慈祥，待人宽厚，为他生育了五个子女。生活上，家务事全由妻子操持，他自己从不过问操心；工作上，妻子给了他深深的理解，夫唱妇随，从不拖他后腿。妻子不仅是他的生活伴侣，更是他艺术事业上最强有力的助手和支柱。如今，支柱轰然倒塌，林散之也觉得自己被突然抽去一根筋骨，再也支撑不住。

林散之原来只有左耳聋，短时间内遭受了丧妻之痛，精神大受刺激，竟然导致了两耳全聋。他再也听不见这世界的喧嚣和吵闹了，信仰佛教的他倒也看得开，写诗云："六根已断一，喧寂两无妨。"也许，听不到这世界的杂音，更有益于他追求内心的宁静和书法上的极致。

妻子去世，让这名七旬的老人再也经受不住了。他的身体状况急转直下。老人变得沉默，总是呆呆望着书籍、墙壁发呆。

妻子不在了，由于年已高龄，林散之的生活成了问题。此时，他的几个儿女，有的家在外地，有的也还在挨批斗。他的儿子林昌庚和女儿林荇若，商量过后，决定让老人离开南京，去扬州林荇若处暂住。

画院考虑到林散之的实际情况，同意了这一决定，并且给他开了一张证明，算是组织上同意了。1967年秋天，林散之跟着女儿来到扬州，开始了他甲地乙地的漂泊生活。他的行囊很简单：几件换洗衣物，打成一个小包袱；一只藤编的篮子，放着他《江上诗存》全部手稿、少量书籍和文房四宝。这些是他不可须臾离开的东西。留在南京的，除了三年也苦也甜的时光，就是他在画院创作的作品了。

他的一生中，除了年轻时那次万里远游，画院的三年是他创作诗、书、画最多的时期。以诗而言，这三年创作的诗比在江浦十二年创作的还要多。这一时期的诗作中，大都情绪饱满，精神振奋，充满生活乐趣和对光明未来的热情期望。如果妻子健在，林散之在诗歌艺术上的成就将会更大。不得不说，这是林散之的遗憾，无法弥补的遗憾。

女儿在扬州的家，条件很简陋。住宅是两间很小的瓦房，总共不过二十平方米。这所房子，原是某个资本家的马厩，后来做了堆放杂物的储物间。林荇若住进后，将房子改造成一间内房、一间堂屋兼厨房。

父亲来后，林荇若将内房安排给林散之住，她自己和一双儿女挤在外间。由于年久失修，小屋墙壁黝黑，经常漏雨，梅雨季节时，地面就渗进水来。室内也没有什么家具，只有一只盛衣物的旧木箱，兼作饭桌、课桌之用。林散之来了，又兼作画桌。

住的虽然不好，但有女儿无微不至的照顾，身边也有一双外孙绕膝承欢，林散之的精神状况大有改观。他很快振作起来，每日除了读书消遣，偶尔也在南屋的窗下写一幅字。家人上班、上学走了之后，他也出门去，街头巷尾走一走。看到有人下棋，老人就坐在一边，双手拄在拐杖上，下巴托在手上，静静看一会。遇到年龄相仿的老人，彼此打个招呼，聚在一起聊上几句。孩子放学后，林散之最喜欢的就是看看外孙女的作业，指点几句，教她一些简单的对仗、平仄、韵脚之类的简单知识。

到扬州不久，林散之写下《荇若雨居》，表达了他当时知足常乐、达观豁然的心境：

新雨浥秋晨,寒绿荣庭木。
旷哉方寸怀,怡怡生小屋。
小屋如渔舟,尚容人五六。
以视江上堂,只少千竿竹。
自我来扬州,中情时郁郁。
得兹慰所思,忘却形骸役。
人生贵自得,随分宜知足。
见小始为明,能安即是福。
功名真刍狗,诗书成鸩毒。
释氏戒贪痴,老子惊宠辱。
祸兮福所倚,福兮祸所伏。
祸福各有原,大半在多欲。
羡彼小麻雀,双双檐前逐。
泊然两无营,数粒已饱腹。

时间长了,林散之也新结交了几位"老"朋友。有一个何老、一个吴老,久已退休在家,因为喜爱打太极拳与林散之相熟。每日午后,这老哥俩会准时来约林散之,三个人去到一家老茶馆,轮流做东,泡上一壶茶,买一碟茴香豆,吃两块黄桥烧饼,天南海北聊一通。

外人看这时的林散之,就是一个普普通通的小老头;只有深聊起来,才会感受到他身上的那股淡雅和恬然之气。

住在扬州期间,有一些喜爱文学和书画的年轻人,渐渐慕名找来,希望得到林散之的指点。他倒也没有架子,很快与这些年轻的书画爱好者打成一片,经常给予他们艺术上的指点。扬州自古文化传统深厚,也给了这位老人很多精神上的愉悦与慰藉。

除了读书写字，林散之住扬州期间，也和家人、朋友一起游览了许多当地名胜。他一生热爱自然，崇敬历史上的仁人志士，常去的地方有瘦西湖、史可法墓和郊外的几处名胜；在他的诗中，多有记载。

因经济拮据，林散之向南京画院在过去"总统府"内的集体宿舍要了一间房子，充作仓库，将东西搬了进去。这批物品，除了林散之历年的一些书画作品、往来信笺，还有其恩师黄宾虹的画作和几幅珍贵的古代字画。后来，南京发生武斗事件，这些物品连同一百多锭上等陈墨、几刀优质宣纸，全部被洗劫一空。林散之闻知消息后，几乎气得背过气去。这是他本人作品的又一次劫难。

1967年春节后不久，林散之被儿子昌庚从扬州接来南京居住。老友高二适、夏冰流等都来看望。在南京期间，林散之仍然坚持创作。1969年元旦前夕，南京长江大桥建成通车。举国欢庆，南京市民也组织集合游行祝贺。林散之听到消息，高兴异常，专门作诗纪念。

1969年冬天，在"一号命令"影响下，南京城市开始紧急疏散人口。儿女安排林散之回到了老家乌江，暂时居住。这时的江上草堂，已不复往日模样。昔日生机盎然的园林，只剩下光秃秃的三间残破草屋。当初离开到今天回来，一晃十几年过去了，当年手植之树，已成残破树桩；正值壮年的自己，如今是全聋老人。树犹如此，人何以堪！

但家乡就是家乡，虽然变化巨大，回到老家的林散之感觉踏实、安定。他回乡时，随身携带着妻子的骨灰，算是和他一起回家了。简单安顿下来后，林散之写出《归江上》一诗：

载奔江上堂，衡门欣未异。

松竹迎客至，招展叶隐蔽。

补葺漏茅屋，洒扫新房地。

整理行箧书，铺陈旧棉被。

房屋粗收拾，聊作老身计。
漫言荒陋居，得此实安慰。
往事成追忆，岁月感颠沛。
平生忧患心，垂垂几下泪。
昔年春归来，两两翔双翅。
今冬乃独归，孤雁不成字。
空携灵匣回，魂魄安所寄？
骨灰藏未冷，伴我草堂睡。
寒灯坐永夜，流离惊相对。
嗟嗟余之生，恍惚如梦寐。

此诗情真意切，感情充沛，文采飞扬，意境高远，是林散之诗词中较好的一篇。

第二节

飞来横祸

正当回到家乡的林散之,认为自己可以安度晚年的时候,他遭遇了一场大难,一场痛苦异常的灾难,一场差点要了命的灾难。

1970年的春节来临了,按照风俗,人们都要去浴室洗澡,求一个辞旧迎新的好彩头。林散之也不例外,他兴致昂昂一个人去乌江镇浴室,买了票准备洗浴。

已到"年关",洗澡的人特别多,浴室内人满为患。林散之年事已高,又无人陪伴照顾,只好在人群中摸索着挤过去。不幸的事情发生了,由于浴室内蒸汽弥漫,视线不好,加上他双耳全聋,听不进身边人的提示,竟然一脚踏上了浴池边上的烧水锅盖上。也是他命中有这一劫,烧水锅的锅盖由于常年没有检修,已经腐朽不堪。锅盖承受不住一个人的体重,林散之直接掉进了滚水之中。突如其来、巨大的疼痛,让林散之发出一声凄厉的惨叫。旁边的人听到后,手疾眼快,一把抓住他的一条胳膊,拼命将他拉了出来。可是,近乎滚开的水,已然将林散之烧成严重烫伤。

浴室里的人七手八脚将林散之拖出浴池,有人穿上衣服,飞一般地去报知林散之的家人。此时的林散之,烫伤惨不忍睹,他的整个右上臂至手腕的内外皮层已全被拉脱,整个胳膊鲜红的肉全裸露在外,颈部以下全被开水严重烫伤,浑身血肉模糊,不成人形。

林散之被家人用担架抬回家中,起初用土法治疗,但效果不好,病人开始发烧。正月初三,接到电报飞速赶来的林昌庚看到父亲的病情,决定送南京抢救。家人用担架将他抬到驻马河口,乘轮船到南京下关。等到住进鼓楼医院时,已是初六的凌晨,病人已经烫伤六天了。

医生看到林散之的伤势,摇着头对家人说:"送来得太晚了!"并说,"病人年纪这么大,伤势这么重,烫伤面积达90%多,且已严重感染,能否救活,把握不大。你们要有思想准备。"林散之此时正处在高烧和剧痛的痛苦折磨之中,但他看见医生,张口就说:"大夫,我的右手怎么样了?今后还能写字吗?"医生听了好笑,说:"老爷子,这都什么时候了,命都难保,还想着写字!"

也许是林散之的生命力太过顽强,也许是老天爱才,不想这么早收他。全身严重烫伤的林散之,在医院治疗几天后,竟然出现了好转的迹象:他的体温慢慢降下来,情绪也比较稳定,甚至还能吃些东西。医生从没见过七十多岁的老人,遭遇如此危重状况,却能恢复得如此快,也连连称奇。

在医院的积极治疗下,在儿女们轮流陪护照料下,三个月后,林散之奇迹般地活了过来。他开始下床活动,渐渐能自己走上一小段路。为了能重新执笔,林散之忍受巨大痛苦,在治疗之初,请医生将因烫伤黏结在一起的大拇指、食指和中指切开包扎。下床活动后,林散之尤其注意锻炼右手手指的灵活性。痊愈后，三个手指能自如活动，可以执笔写字，而小指和无名指则粘连在一起，且弯向手心，伸不直也不能活动。但就是医生抢救下来的三个手指，终于为世界保留了一位未来的书法大师。

1970年5月，林散之出院，回到儿子家继续休养。直至8月，他才完全康复。林散之作《病归》一诗，记录自己死里逃生的感慨：

劫后归来身半残，秋风黄叶共阑珊。

可怜王母多情甚，接入瑶池又送还。

康复后，林散之又恢复了他往日的生活，读书、写诗、打拳，好像这场刚刚过去的灾难从没有发生过一样。只是，这次大病后，他的情绪变得反复无常，有时会莫名其妙生气，特别是对待儿女，往往是儿女说东他偏往西，有点"老小孩"的脾气。毕竟，身体的伤痛，丧妻的悲伤，他有太多的苦闷无法排遣。终于有一天，林散之因为一件琐事，自己一个人离开南京，又回到乌江老家，一直住到1973年春才回到南京百子亭定居。在乌江两年半期间，曾两次去和县其女儿林荪若处暂住，又两次来南京，每次都是短期小住即走。

1971年的春节过后，林散之只身上乌江镇，因双耳聋听不见，途中被一辆机动车所撞，在地面上滚了几丈远，又一次卧床治疗数月，身体再遭摧残。幸运的是，他又一次站起来了。

时光来到1972年，在乌江乡下默默无闻平静生活的林散之，终于迎来了他艺术生涯中的转机；或者说，他这块艺术殿堂里的黄金，终于第一次被世人发现了夺目的光芒。他的书法，尤其是草书，因为一个偶然的机会，得到了业内人士的关注和认可。并且随着对他的研究的深入，人们终于发现了他在草书艺术上的开创性贡献，最终确定了他在艺坛的不可动摇的极高地位。

第三节

大器晚成

　　林散之被学术界注意到，和当时的国际、国内环境都有关系。1972年8月，中国政府为庆祝中日恢复邦交，《人民中国》杂志打算出版一期《特辑》，计划安排《中国现代书法作品选》栏目，向世界、主要是向日本介绍当时国内的书法研究和书法艺术现状。

　　当时，由于事关重大，时任《新华日报》编辑的田原先生，被借调到《人民中国》编辑部去协助出版这期特辑。田原在工作过程中，看到专家组和编辑们提交的书法家备选名单，他突然想起一个人来——这人就是乌江林散之。

　　田原在来出版社之前，就知道林散之此人，对他的书法印象深刻。林散之大概二十岁左右开始正式书法学习和研究，到他四十五岁以后，尤其是深受黄宾虹"笔墨、笔法"理论影响后，他的字，其实已经到了极高的水平。写草书，大概是在1965年后。由于不再画画，转而研习行草。六十五岁后开始着重精研，使力最多。

早在20世纪50年代，林散之的字就得到安徽省内许多方家和书法家的认可。60年代，著名书法家高二适看到林散之作品后，也是拍案叫绝，连连称奇，认为林是当时不可多得的书法艺术家。

林散之之所以一直没有出名，大概和其性格有直接关系。他性格儒雅内向，小时又因病致聋，加上他身上那股子去不掉的"呆子"劲儿，很难在社会和人际关系上如鱼得水。

与名气、权力比起来，他似乎更在乎内心世界的安静和满足。直到1966年后，虽然林散之诗、书、画俱佳，但也就是一个省画院的普通画师。林散之籍籍无名，也和他交朋友的方式有关系。他不愿趋炎附势，也不想加入哪门哪派，只是一味画自己的画，写自己的字。

此时，林散之还在老家闲居。田原费了不少周折，才打听到林散之的下落，并将他的一幅草书条幅《毛主席词·清平乐会昌》带到了北京。

在田原的推荐下，林散之的作品最先被送到启功处。启功当时正因病住院，当他在病房看到林的作品时，高兴得坚持从病榻上起来，将作品挂在墙上，仔细观赏，连连称赞。作品送到赵朴初处时，赵老称誉道："此老功力至深，佩服，佩服！"并当即表示，"向林老致敬意！并希望能得林老的墨宝。"

最后，所有征集的名家作品都汇总到郭沫若处，由郭做最后的选定。郭沫若对所有入选的作品，一般给予"好的""不错""可以"。对有的作品不表态。郭对林散之的作品看得比较仔细、认真，最终，给出了"好的"意见。《中国现代书法作品选》印刷的时候，林散之的作品被放在特辑首页第一位。

这期杂志很快出版并在日本发行，在日本书道界和国内引起了巨大反响，间接地促进了中日两国人民的友好交往和互相了解。其中，林散之的书法尤其受到日本专业人士和书法爱好者的赏识。自那以后，凡是来中国访问的日本书道界的访华团体，必以能够拜访林散之为荣，对其书法推崇备至。

"墙内开花墙外香"，林散之就这样不经意一夜走红。他本人，虽对自己的水平有自信，但也万万没有想到，会在七十五岁高龄，突然成了书法界的"红人"。从南方到北方，从国内到海外，林散之的名字在书界成了提及频率最高的字眼。他的作品也变得"洛阳纸贵"，千金难求。

从1972年冬天开始，不断有人开着车从南京到乌江找林散之，家乡的人更是寻找一切关系索字要画。林散之不胜其烦，作《赖账》诗一首自嘲：

不学板桥要白银，学他赖账或能行。
请君且莫勤迫索，待到千秋一律清。

眼看着，老家是没法住了，一是慕名而来各色人等蜂拥而至，二是日本访问团很快来华，要求必须见到林散之。鉴于这种情形，1973年3月，林散之离开乌江，来到了南京。

日本访华团到后，会晤被安排在南京艺术学院的礼堂内。按照上级安排，林散之正襟危坐，坐在房间的正中位置，日本友人依次鱼贯而入，走到林散之前握手，然后下一个接着来。整个过程安静极了，看起来不像交流会，更像是学生来拜访老师。林散之不愿意这样正式，但上级安排，也只得执行。接见完成后，中日书家一起交流。当日本团员看到林散之只用一支细而软长的羊毫，就写出刚健的草书，而且笔锋始终是直立的，都感到惊奇。

第二天，为配合此次交流活动，江苏省美术馆举办了书法展览。开幕式第一天，日本友人参观后，美术馆的馆长急匆匆跑来对林散之说，他参加展出的作品不翼而飞，请立即重新写一张。

林散之听了，大为不解，他的作品全都是锁在展览大厅的玻璃橱内，怎么可能在众目睽睽下不翼而飞呢？林散之也没有过多追问，抓抓头，笑嘻嘻地为美术馆重新写了一张，并抓起一张纸，大笔一挥：

鄙人参加省美展，书写咏梅卜算子两件，不意失去，想系梁上君子所为，余不推究。唯是该纸乃旧藏名笺，字虽不佳，纸却名贵。希望急将拙书送还，若能送来，一张赔两张，两张赔四张，决不食言，幸鉴焉！空口无凭，作七绝句为证。
失去灵笺无处寻，几回惆怅旧时痕。
愿君高义留千古，早把梅花送上门。

这张寻物告示很快贴在了美术馆的显眼位置，林散之承诺，如能送还，一张赔两张，两张赔四张，决不食言。他自己想得倒是简单，认为梁上君子一定会还回来他的精品。第二天，有人又跑来告诉他，没有人还他的作品，倒是他用行书写的那张告示，不知什么时候被何人又给揭走了。

第八章 金色秋天

JINSE QIUTIAN

第一节

我本书生

　　林散之七十岁以后,以字闻名,世人称之为"草圣";就连日本书坛巨擘青山杉雨也为之敬题"草圣遗法在此翁"。林散之本人,对自己的艺术评价,却是字不如画、画又不如诗。

　　林如此说,可能有自谦的意思,抑或有自得的成分。但同时也表现出,他对自我本身的定位。他认为自己是一个学者,一个喜欢中国传统文化的书生。

　　林散之少年时即显出诗才不凡。今尚存其 1914 年十六岁时自订诗集《方棠三痴生拙稿》,内书目作诗词一百一十六首,以行书或楷书书写,大部分作了修改。其诗文范柳堂对其评语是"词旨清婉,用典贴切,凤鸣高冈,自非凡响";范培开的评价是"将来必成大器"。

1924年，林散之编纂了他人生中第一部艺术理论的书籍。他将自己学画、习字的心得体会及读过、学过的前人书籍总结编纂，完成《山水类编》一书。全书二十八卷，另编《序目》一卷，共二十九卷，二十一册，三十五万字。《山水类编》分门别类，汇集前人有关山水画的论述，内容丰富翔实，参考书籍选取精当。此后，林散之还写过《四朝画学浅说》一书，可惜日后亡于战火，没有保存下来。可以看出，林散之在从事诗、书、画艺术实践的同时，是非常注重文学、文艺理论的学习和总结的，甚至将自己的心得编纂成书。

林散之

真正发现林散之学者属性的，当数他最为敬佩的老师黄宾虹。1929年林散之上海学艺期间，黄宾虹就讲过："散之乃学人也，可望大成。"当时的林散之才三十岁出头，于绘画与书法方面，尚没有得其门而入，黄宾虹做如此断语，当是因为他看了林散之绘画作品上的题咏，以及林在日后写给他的信函和诗稿。

林散之喜欢读书，一生都在读书；即使在他成名之后，也是每日读书不停。读书，在他的生活里，犹如空气一般重要。

他的读书生涯里，最可记述的有两次，一次是青年时期，跟着张栗庵先生学习古文，在张先生的指导下认真、系统阅读了大量古代典籍，包括《史记》《汉书》《后汉书》等古籍经典。张栗庵是一个鸿儒，有一个书斋名叫"观复堂"，有藏书数万卷，多是珍本精品，为林散之读书提供了极其方便的学习条件。这一时期,他根据张先生的指点和自己的需求,每隔一段时间,就从"观复堂"取出一些图书回去攻读。读完之后,就再换一批新书。如此往复,勤学苦读。几年时间,差不多把"观复堂"的藏书都读了一遍。

第二次,壮年时期,他遵从老师黄宾虹的意见,涉猎书画艺术理论,阅读了许多书画艺术方面的珍贵典籍。自然,也是在黄宾虹处得到的机会。黄先生是艺术大师,有着丰富的藏书。在两位先生丰富藏书的哺育下,林散之何其幸运,他如饥似渴吸吮着书中的养分,使他进入化境,气质大变。"腹有诗书气自华",他在立身为学和艺术创作上,都进入了一个新的境界。

读万卷书不如行万里路。林散之在不断积累自身思想理论的同时,也不忘投身于社会和大自然,以求得书本上没有的真理体验。他牢记黄宾虹"师古人,更要师造化"的教导,三十七岁的时候孤身出游,历时大半年,游历了苏、皖、鲁、晋、豫、陕、川、鄂九省,登嵩山、华山、终南山、太白山、峨眉山、庐山,观岷江、三峡等大河大川,行程一万六千余里,历尽艰难险阻,得画稿八百余幅,诗近二百首;并观摩沿途历代刻石书法,胸襟与眼界大开。归来后,又写出《漫游小记》,以一个艺术家的眼光,审视沿途山川风物,以一个儒者的忧患意识关注社会民生,文笔生动,刻画入微,充分反映了时代风貌和对民生艰难的忧伤愤懑。此举,即使在同时代的学人之中,亦少有人实行,可见他追求理想的执着与坚毅。

林散之爱美、追求美,用一生研究美、表现美。他留下的数量不多的文艺论著及理论作品,闪耀着智慧的光芒,充满了哲人的思维,是有志于从事诗、书、画及其他艺术学习研究的人的重要资料。从这个角度看,将林散之称为一位学者型的艺术家,当是公允适当的。

第二节

诗人散之

　　林散之生前曾经自谓：其诗第一、画第二、书法第三。在他去世后，林散之在给自己的墓碑上提前写好的也是"诗人林散之之墓"。足可见，林散之对写诗、作诗的看重与喜爱。

　　他一生大部分时间和精力，除了读书，就是用在看诗和作诗上。对诗的感情远胜过字画，在诗词上耗费的心血最多、体会最深、自我评价也最高。

　　他在八十多岁时曾颇为动情地说："现在社会上风云变动不定，一切不与人争，只与古人争一地位。这是个目的。诗、书、画，我的诗为第一位。功夫深，用了六七十年心血。尤其'四人帮'时，家籍被抢烧一空，唯诗稿常在身边，晚上枕头，不让遗失，保存下来，真是苦难重重。自下已蒙各方面努力,存印下来,可以留给后人看看。"

其夫人盛德粹在世时,对他嗔怪的一句话就是:"一天到晚就晓得哼诗!"夫人说的他最爱哼诗,其实就是林散之的生活习惯。

林散之的生活中不能没有诗,他爱读前人的诗歌经典,也扎扎实实在作诗上下过苦功:

> 余学诗先从含山张先生、宗盛唐,后改中唐,力宗少陵,为之弗辍。韩氏为百代所宗,又勉为之。宋之苏黄,变唐之体,由唐而宋,不倦也。力薄而涉远,学浅而尝深,老而无成,殊增惭悚。

林散之一生坎坷,多经战乱,但不论走到哪里,随身必然携带着《江上诗存》诗稿,惜之如命。

据他的家人回忆,林散之平时除有极特殊情况,几乎无日不看诗、作诗,甚至睡在病床上发着高烧也在想诗、作诗。有时一句诗未想好,睡到半夜,突然想起来了,立刻爬起来记下才安心睡觉。坐车、乘船、走路、骑毛驴,更是他想诗、作诗的好时间。

他还有一个最大的特点,不论碰到什么艰难困苦,只要一"哼上诗",什么都会抛诸脑后。

正所谓"不疯魔不成活",林散之的诗人名号,不是别人封的,他一生都在诗意里栖居。

他对诗的格调要求很高,强调"功夫在诗外",强调诗人的精神世界的修为:

> 夫诗有四要:曰情、曰景、曰意、曰事。情景有异同,意事有难易。情与意发于内,景与事受于外。情景乃诗之媒介,意事乃诗之胚胎。虽

> 然,情景有深浅,摹写有难易,措辞有雅俗,此又在乎天分与功力之高下也。其功力深者,发于辞也雅而醇;其功力浅者,发于辞也粗而俗。要使天分既高,才气远举,涵养深,读书富,吐属数言,流于万汇,元气浑成,合为一体,斯为上乘不凡之品矣。

林散之的诗内容宽泛,万事万物皆可入诗,大至天下大事,小到花鸟草木,而所引用的典籍、典故、历史,均极贴切,毫无牵强之感。他的绝大部分诗,都是因情而发,读来令人动情动心,印象深刻。

他在《江上诗存·自序》中如此解释:

> 诗,性情而已。诗言志,志即性情之所寄托,而进修之所遵守也。于功力,于风格,于境界,又技之进也。无性情,不足以言诗;无志,更不足以言性情。诗三百篇,风雅颂,都发乎性情之中,而达乎言语之外,使人讽喻不置,习之不倦,少而学之,老而弥笃,性情真也。

最早给予林散之诗高度评价的,当属高二适先生。二人于20世纪60年代相识后,交往甚密,唱和颇多,引为知己。对于林的诗,高二适先生说:

> 功力之深,非胸中有万卷书,不能如是挥洒自如。

诗人白野曾作《念奴娇》词,对林诗推崇备至,将林比为李白陆游:诗人多有,擅郑虔三绝,要非容易。往往此丰而彼啬,点缀闲情已矣。画款荆关,书追颠素,诗可白陆比。若吾师者,艺林今古无几。应念江上清风,湖边明月,处处皆诗意。况复秦关连蜀道,搜尽奇峰万里。俊逸参军,清新开府,腕底生灵异。南园春好,满蹊争放桃李。

在林散之因草书出名之后，大部分人都只知道他的书名。林散之赴京时，曾经携《江上诗存》请北京的圈内人士共赏。赵朴初看了后，给出如下评价：

不须纸背认仙骸，照眼琉璃万顷堆。风雨潇潇惊笔落，精神跃跃看花开。庄严色相臻三绝，老辣文章见霸才。

启功也非常认可林散之的诗，他本人是有名的诗才与书才齐名的大师，有诗集专著传世。在给《江上诗存》出版时写的序中，启功将林诗的风格比作杨万里：

窃谓诗与画本同功，，凡有意求工者，最易落作家习气。伏读老人之诗，胸罗子史，眼寓山川，是曾读万卷书，而行万里路者。发于笔下，浩浩然，随意所之，无雕章琢句之心，有得心应手之乐。稿中自注最爱宋人之诗，如勉求近似者，惟杨诚斋或堪比附。然老人之诗，于国之敌，民之贼，当诛者诛，当伐者伐，正气英光，贯穿于篇什之中，则又诚斋之所不具，抑且可所不能者也。

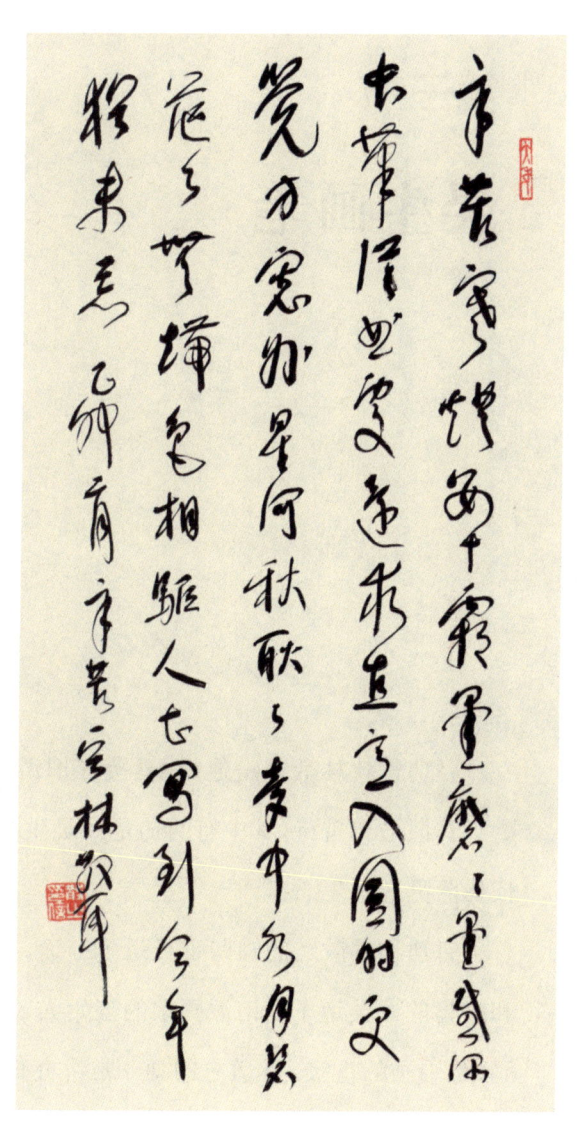

林散之 1975 年自作诗《辛苦》

第三节

吴生画笔

启功曾就林散之赠他的《嘉陵江旧游图》和题画诗,回赠了林散之一首诗,其中有两句是:"吴生画笔杜陵诗,纸上依稀两见之。"

启功将林散之的画归于吴道子一途,应该是比较准确和中肯的。吴道子是南派画宗的创始人,以后发展为文人画,是国画的正宗。林散之的画非常讲究画的气韵,注重诗、书、画的融合,将诗性的精神通过画面表现出来。可以说,诗情画意,一直是林散之绘画作品追求的重要境界。

林散之自幼喜爱画画,少年时就表现出绘画方面的天赋。入私塾读书后,开始学习用笔用墨,有了一些简单的国画基础训练。他十三岁时,于南京张青甫处做学徒,学画人

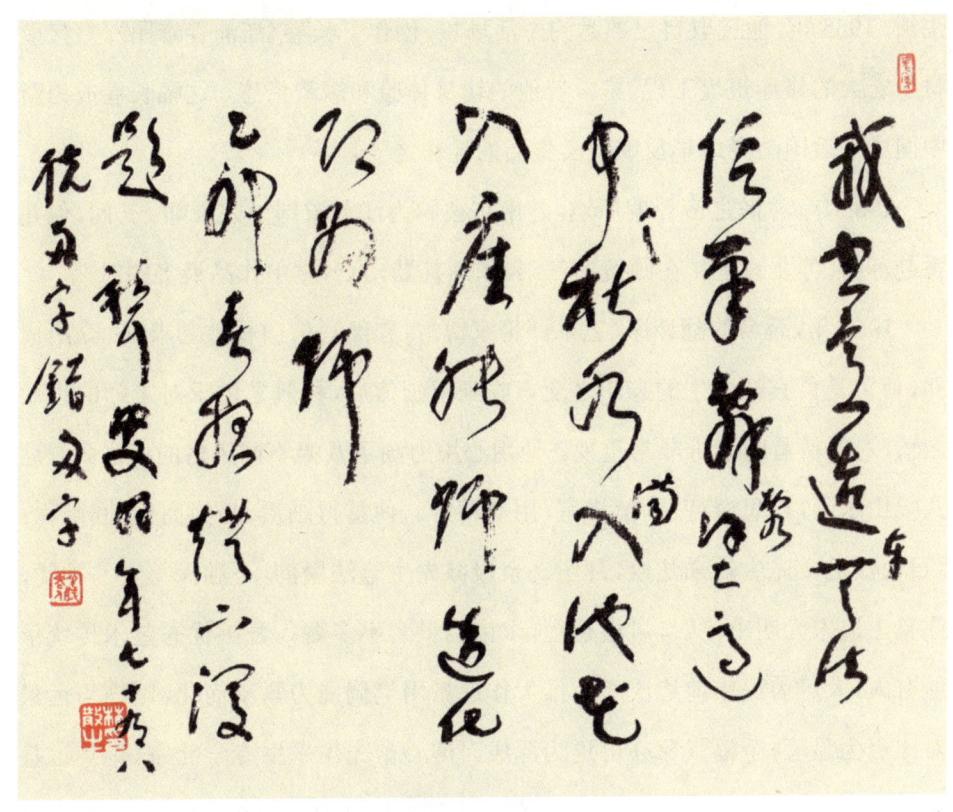

林散之 1975 年自作诗《论书》

像,并学工笔人物画,后又自学山水画。二十余岁时,其书法工楷书、隶书、行书,工笔人物画师陈者莲、黄慎,山水画宗王烟客、王石谷,在皖东已小有名气。

林散之三十二岁时,为其艺术生涯中重大转折期。他经老师张栗庵推介,去上海投师黄宾虹,黄为诗、书、画、印"四合一"的艺术大师,其山水画尤为海内外所敬服。林从学两年,书画笔墨之道深得教益,眼界大为开阔,见识大为增长。又获读黄师大量藏书,并聆听教诲,学问大进。这两年的收获,对其一生艺术的攀高,具有深远的影响。其后,林散之做万里游,历时八月,经苏、鲁、豫、皖、晋、川等六省,遍览华山、太白、黄山及长江、黄河等名山大川,深入实地写生,揣摩笔墨之道,绘画技艺大进。

新中国成立后,林散之受到新政权的感染,力图在中国画上尝试表现现实生活。1955年,他选取自己熟悉的生活场景,创作了长卷《江浦春修图》,直接取材于宏大的修圩筑堤工程,饱含着他的切身体验和深挚情感。这幅长卷成为新中国成立后国画界最早反映现实生活的佳作之一。

1963年,林散之应亚明所邀,赴南京被聘为江苏省国画院画师。其间,他几番赴苏南、苏北写生。在画院的三年,作画甚勤,为一生中作品最多的时期。

1965年,著名的翻译家、艺术评论家傅雷,曾经写信向林散之求画。众所周知,傅雷是黄宾虹先生的忘年之交。收到求画信后,林散之出于对老师的崇敬之情,对于傅雷的请求非常重视。他用心用力画了八幅不同风格的山水画。这八幅山水画,构思奇特,画笔讲究,用墨精妙。傅雷得画后,极为高兴,回函称:"日前汪己文先生转来法绘,拜谢之余极佩先生笔法墨韵,不独深得宾翁神髓,亦且上追宋元明末诸贤,风格超迈,求诸当世实不多觏。吾国优秀艺术传统承继有人,大可为民族前途庆幸。惟大作近景用笔倘能为紧凑简化,则既与远景对比更为显著,全幅气象亦可更为浑成。溥心畬先生平生专学北宗,刻划过甚姑勿论,用笔往往太碎,致有松率之弊。不知先生亦有同感否?题诗高逸,言之有物,佩甚佩甚。惜原纸篇幅有限,否则以长题改作跋,尾后幅,远山天地更为宽敞。往年常与宾翁论画,直言无讳,故敢不辞狂悖,辄发谬论,开罪先生,千祈鉴宥为幸。"

从傅雷的信中可以看出,他对林散之的绘画非常赞赏。在收到此画的九个月后,1966年秋天,傅雷先生不堪受辱,悲愤弃世。得知傅雷离开世界以后,嗅到了血雨腥风的林散之内心也极为痛苦,他曾与人言:"内子去世,我想走印光、弘一两位法师的路,住进寺院,以度余年。"

1966年后,林散之主攻书法,作画极少。1976年后,林散之多追忆往昔写生印象,尤以画黄山烟云景色为多。其用笔与作书同,曲中求直,方圆相兼。水墨则竭尽干湿浓淡的交互变化,表现烟云气象的丰富意趣,从而造就其高出时人的水墨技巧。

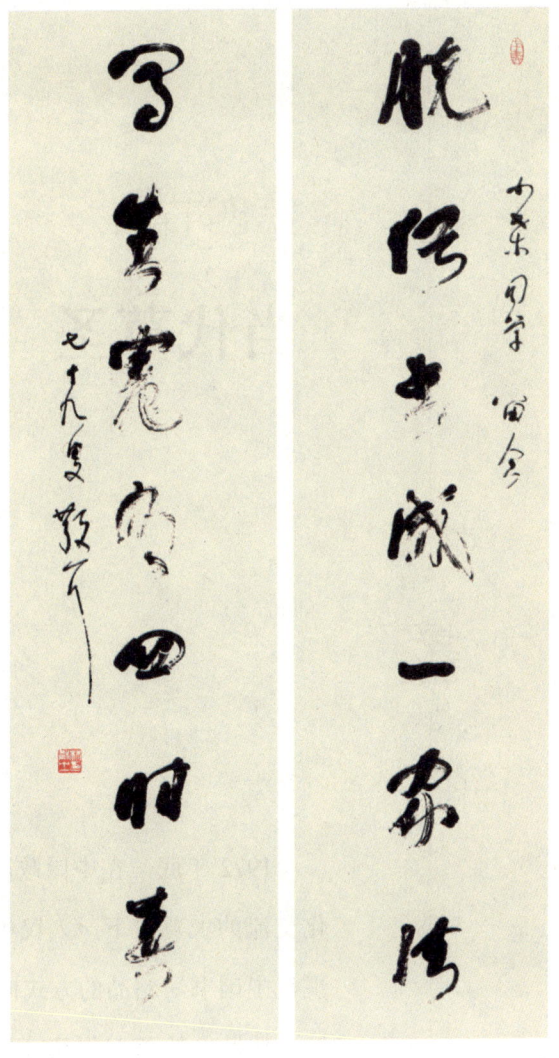

林散之 1976 年作品《四时春》

  与其师黄宾虹不同,黄之墨法有苍浑之气,林之墨法则更多灵润之意。他在这一方面深切而独到的体验,施之于草书,为草书开一新境界。而其在写意山水画的意境追求上,景物造型上及布白的奇正、虚实、黑白的处理手法上所获得的深切体会,渗透其书法的字法、章法,又使其书具有了独特的个性趣味。

  1981 年,上海美术出版社出版《林散之书画集》;1985 年,安徽黄山书社出版《林散之诗书画选集》。

第四节

当代草圣

1972年底，在中国政府推动国内与日本民间交往和文化交流的大背景下，《人民中国》杂志出版特辑，以选拔刊发现代中国书法精品的方式向日本介绍中国文化。

林散之的草书作品，因一个偶然的机会获得推荐，在得到郭沫若、赵朴初、启功几位当时文化界权威人物的高度认可下，受到书坛的关注和重视。随后，林的草书，以特辑首页的待遇，得以被日本书界和书法家认识和接受。谁也没有想到，林散之的草书艺术，在日本受到的欢迎和追捧，远甚于其当时在国内的程度。

中、日两国，文化上虽有相通处，毕竟存有差异，林散之的走红，是"艺术无国界"的最好例证。随着林散之名气渐

林散之

起,国内对他的书法,尤其是草书艺术的研究也越来越多。用某位专家的话来说,林散之的书法,独特之处、过人之处,在于两个字——"耐看"。

这看似平淡无奇的简单评价,事实上却指明了林散之在草书艺术上的最大贡献。林的草书,是美的,是有生命的,是经得起历史检验和后人考察的。在他的那个时代,他的草书,代表了现代中国书法的最高水平。

林散之书法总体上说,是以南北朝晋唐碑刻筑基,又从《阁帖》学晋人书,并取法唐、宋、元、明诸名家手札,得其意韵,同时临习汉隶名碑,数十年不辍,故其书刚中见柔,兼有碑之骨、帖之韵,又渗透着汉隶朴拙之意。其书,不仅创作,即临写各体碑帖,凡粗壮风格者,其笔下所临皆趋于瘦硬。他信奉杜甫所谓"书贵瘦硬始通神"的审美观念,这也是其书风格的基本特点。

在学书的过程中,林散之自述:"余八岁时,开始学艺,未有师承。十六岁从乡亲范培开先生学书。先生授以唐碑,并授安吴执笔悬腕之法,心好习之。余学书,初从范先生,一变;继从张先生,一变;后从黄先生及远游,一变;方稀之后,又一变矣。"其自我鉴定书法进程为四个阶段。

他又说："余初学书，由唐入魏，由魏入汉，转而入唐、宋、元，降而明、清，皆所摹习。于汉师《礼器》《张迁》《孔宙》《衡方》《乙瑛》《曹全》，于魏师《张猛龙》《贾使君》《缀龙颜》《缀宝子》《嵩高灵庙》《张黑女》《崔敬邕》，于晋学《阁帖》；于唐学颜平原。柳诚悬、杨少师、李北海，而于北海学之最久，反复习之。以宋之米氏、元之赵氏、明之王觉斯、董思白诸公，皆力学之。"可以清晰看出林散之学书临古的脉络，也足可见林散之是以兼容并取的态度广为取法古人的，他的书法是有着深厚基础，绝不是什么"灵机一动"，也不是所谓的"空中楼阁"。

三十五岁后，林散之与沪上黄宾虹通过信函请教书画，其后又到上海求教。两年多的学习生涯，黄宾虹对其书法风格的形成与发展具有决定性意义。黄宾虹对笔墨技巧的钻研为现代之冠，他关于笔墨的理论和艺术实践，深深影响了林散之之后的艺术路程。林散之论书有"笔从曲处还求直，意入圆时更觉方"句，这一笔法原理，就直接来自黄宾虹对他的指导与影响。

他自师从黄宾虹后，不仅画入其门，书亦得其法。这一阶段，林散之的书法在用笔与体势方面，颇为接近于他的老师黄宾虹。说模仿也罢，说相似也罢，林散之已经坚定了这条道路：注重笔墨，曲中求直，圆中求方，无论纵横，均不直过，疾涩相应，强调对折钗股、屋漏痕意理的感悟。

中年时代，林散之的行书基本面目是米芾、董其昌和黄宾虹的合成。字形虽不似黄体，但笔法仍守黄书之神髓，同时也加注了自己的变化。他说："审事物，无不变者。变者生之机，不变者死之余，书法之变，尤为显著。"

自清代至民国时期，碑派书法较盛，大家辈出，相比之下，帖派显得式微。林散之投入帖派队伍，并成为帖学巨擘。如果说在现代帖派中的一些大手笔还依然保留着某种传统中的纤细、柔弱，更偏重于秀美的美学特点；而在林散之的书法中，则极大地加强了雄强、奇变、苍辣的成分，从而加强了一种力量感。

大概从20世纪60年代后，林散之开始重点钻研草书，这既有时代环境的影响，也与其书法艺术发展的方向有关。他在关于学草书的感悟时自言："我到六十岁后才学草书,有许多甘苦体会。没有写碑的底子,不会有成就。"他学书数十年,常写碑,旨在锤炼其书法线条的力度、涩度、厚度与拙朴趣味。所谓"六十岁后才学草书"当指其六十岁后才以草书为专攻。林散之自言:"六十岁前,我游骋于法度之中。六十岁后稍稍有数,就不拘于法。"观其作品,确如其言。大约此前的作品,虽格调、意韵甚好,但用笔与结字均在高度的理性把握之中,观赏时可以感觉得到。

现存他三十余岁时的草书作品已颇见功力,四十余岁所作草书已形成其个人风格。六十岁后,他将主攻目标转向了草书,对书体中难度最大、艺术抒情性最强的草体作最后的冲刺。六十岁后所书循法度而能轻松自如,游刃有余,从而有天趣流露,此即其所谓"不拘于法"。大约七十岁后所书,强调个性、追求天趣成为其审美的主导倾向,创作中用笔大为放开,不同状态下作书即有不同的情意介入,故作品一时有一时之气象。八十岁后进入自由之境,作书时已无法度意识,落笔皆随意、随兴为之,出神入化,意趣天成。此时作品,笔墨变化妙不可言,往往不见点画与结字形态之具象,但其虚灵超脱的墨象似无意中受着法度的调控,有无尽的内蕴,令人捉摸不透,玩味不尽。这是林散之书法艺术发展的最高阶段、最高境界。这是足以笑傲于中国书法史的、不同于古今书坛所有大家的独到境界。

林散之晚年草书,笔法与墨法互为作用,这也是其被认可的根本原因。

自明之后,有清一代,中国无草书大家。究其原因,在于不能突破前人,在于"陷樊篱之中而不可拔"。除了黄宾虹,林散之对王铎草书也有深刻认识。

王铎草书承继二王、怀素,并合以米芾笔法,精熟至极,奇巧至极,真可谓无以复加,简单走王铎的老路,必将无法突破。林散之在长久思考之后,以深厚的汉隶功力来改造王铎草法,返熟为生,以拙破巧,从而造就了林散之草体。

"散体草书"从王铎书法中悟得涨墨之妙,又从黄宾虹画法中承取焦墨、渴墨与宿墨法。林散之八十岁后作品,随其兴致所至,有时通幅以浓墨焦墨为之,

林散之 1976 年自作诗《悼毛泽东》

聚墨处黑而亮，神采夺人，枯墨散锋处一枯再枯，墨似尽而笔仍在擦行，只见笔墨化作虚丝，在似有若无间尤显其意韵、精神之超凡。有时又以宿墨为之，时而墨晕中见有浓墨凝聚，乃运笔之实迹，时而变枯、变淡，笔意一翻转，又变润、变浓。此为他独有之技法，真可谓是变化莫测，气象万千，将草书的表现形式提高到了一个新的高度。

林散之还充分利用了长锋羊毫的特点，蓄水多、下注慢，便于连续书写，笔毫内所蓄水、墨不匀，即可随笔锋翻转，运笔速度的快慢产生浓淡干湿的无穷变化。这种更倾向于"画"而不是"写"的手法，巧妙利用了水墨的丰富变化，化解了长锋羊毫在笔画的粗细和点画形态的表现上固化的局限性，反而收到了特殊的艺术效果。正是这

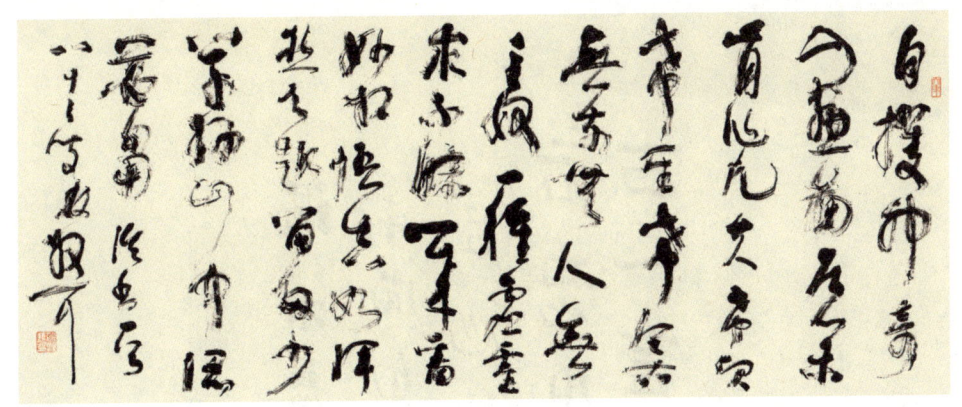

林散之作品

个原因，林散之的草书，被赋予了独特的、迷人的、奇妙的特质。也因为这个缘故，才有书家说，林散之的草书，是最难被模仿和假冒的。

如果非要找"散体草书"的弊病，在于有些字的结构处理并不美，甚至松垮散漫，无意求工。原因大概有三：一是林散之的作品中，线条是第一位的，结构则在其次；二是林散之的注意力都在线条的挥洒上，作品的连贯、完整均靠一以贯之的线条统一，缺乏对字体的深入探究，造成结字松散；三是林散之的性格使然。他在七十岁时曾有感赋诗一首："不随世俗任孤行，自喜年来笔墨真。写到灵魂最深处，不知有我更无人。"可见其对性灵境界的追求，他视书法为性情中物，自喜能"写到灵魂最深处"，纯乎真性灵的显现。至于别人的评价与世俗的眼光，他真是不太在乎的。

现当代书家里，林散之在书法线条上的锤炼和开拓，无人能出其右。林散之在书法史上的贡献，最为重要的也是唤起了现代书家对线条的特别关注。他的线条形式，他的笔墨魅力，定当启示现当代书家在继承深厚传统的基础上与新的时代共同迈进。

林散之1982年自作诗《无题》

第九章 | 一代宗师

YIDAI ZONGSHI

第一节

江上诗存

　　为了林散之能够有一个良好的创作和居住环境，同时也为他日渐衰老的身体考虑，在原画院亚明等人的努力下，组织上在南京重新为林散之安排了两间住房。房子位于百子亭 23 号原德国驻华使馆旧址的一座小楼。林散之住楼下两间。虽然不及原中央路的住宅，但在当时能找到这样的住宅已很不容易了。

　　百子亭离玄武湖很近，林散之每天早晨去玄武湖练太极拳，恢复了锻炼身体、临写碑帖、创作诗书画的正常生活。

　　自出名之后，林散之最苦恼的就是如何应付索要字画的人。南京定居后，来访者终日络绎不绝，绝大多数都是来索字的，还有部分慕名来求教的。

对于要字画的，林散之极不耐烦，因为他知道这些人中大多只是想要字画，并不懂欣赏。这类人骗到名人字画以后，一是用之卖钱，一是用之送礼"开后门"。有的人为了得到一幅字，常常是在林家"磨"上半天甚至一天，或反复多次来，不给他写就硬是坐等不走。还有人四处请托，搅扰得林散之的子女或者朋友不堪其扰。林散之专门写了四句《无聊》诗：连日人声闹市楼，我家亦复闹啾啾。人来都是无聊客，不是名流与上流。

对于那些真心请教和学习的年轻人，林散之则是另一个态度。他感谢社会对他艺术的认可，感恩组织上对他的信任和照顾，虽已是高龄，仍然觉得自己有义务发展、发扬传统文化艺术，对于后学者，很是热情，没有架子，经常和这些青年人在一起说些诙谐的话开玩笑。他愿意将自己的经验和才学传授给年轻一代。没几年，林散之收了不少学生，其中不乏天赋和日后成就事业的佼佼者。人们还给林散之和他的学生起了个绰号，将这个小集体称为"林家铺子"。

大概从1974年开始，林散之的几个学生，受到诗人白野的启发，也为了保存并扩大林散之的诗的影响，着手整理老师的诗稿，并想把诗稿刻钢板油印出来。

经过一年多的时间，终于在1975年11月初林散之七十八岁生日前，把三十多万字的《江上诗存》全部刻印出来，精工线装了一百套，每套分上、中、下和外编四册，共四百本。诗集全部是由冯仲华和庄希祖两位用工工整整的楷书写就。

林散之过七十八岁生日这一天，学生们把这一百套装订好的《江上诗存》刻印本作为无比珍贵的生日礼物送到他面前。抚摸着这些还散发着油墨味道的诗稿，林散之情绪激动，几乎落下泪了。这是他一直牵挂的事情，如今自己一生的成果——《江上诗存》保存下来，怎不令这位老人感慨万千。

1975年，应荣宝斋的邀请，林散之到北京参加学术活动。这是林散之第一次到北京，他与许多文化界的人士见了面，其中也包括对他的书法极为赞赏的赵朴初与启功。见面的时候,林散之将《江上诗存》拿出来与赵、启两位大家共赏,得到了二人的赞誉,认为他的诗也具备极高的水平。

后来,南京教师进修学院院长李子磐先生读到了林散之的诗集,大为赞赏,认为《江上诗存》油印一百套数量太少,并且油印书的质量总不如铅印。1978年春,他与林散之商量,愿以该院名义将《江上诗存》铅印数千册,作为内部资料与有关单位交流。于1979年8月印成,发送至全国有关单位。这一版,赵朴初和启功分别为之作跋和序。到了1993年,河北花山文艺出版社将《江上诗存》正式出版发行。

第二节

大放异彩

1978年春，林散之以全国政协代表的身份去北京开会。此次北京之行，除会见了赵朴初、启功、彭冲、李真、陈英诸老友外，又结识了会议代表黎雄才、张君秋、袁世海、七小龄童等文艺界朋友。

1979年6月12日，林散之又赴北京，参加将于6月15日开幕的全国政协五届二次会议。在途中，林散之于火车上发病，住进北京人民医院，在北京治疗十余日才恢复。

此后，1980、1981、1982年的三次全国政协会议，林散之均因身体原因，未能出席。

在文化界有了名气后，新闻界也注意到林散之的事迹。第一次赴京参加政协会议回来后，新华社驻南京的记者古

1980年林散之、尉天池观看个人画展

平找到了林散之，对他进行了详细的采访，写出《奇境纵横又一家》一文，发表在《人民日报》副刊《战地》1978年第1期上。这是国内出版物报道林散之的第一篇文章。

此后，记者古平又先后发表了《瑶池归来》《八旬老翁写尽乌江水》《业精于勤》《风雨潇潇惊笔落》《诗友遗诗感散翁》《九旬书翁乡梓情深》等文章，从不同方面向国内外介绍了林散之的艺术生涯。随着媒体的宣传，林散之的名气开始走红大江南北，变得家喻户晓。

随名气而来的，还有各种艺术机构组织的各类活动，以及出版社的约稿。1980年8月，江苏省国画院、江苏省书法家协会等组织共同在江苏省美术馆为林散之举办《林散之书画展览》，展出他历年书法精品六十五件、山水画四十五件。观者踊跃，影响甚大。林散之感念家乡对他的培养，同时，他的三位老师范培开、张栗庵、黄宾虹也都是安徽人，应安徽省邀请，此次全部展品，于1980年12月赴合肥展出；展览同样取得巨大成功。

其后，林散之的书画作品不断参加国内外各种书画展，他的草书作品，每次都是展会的焦点，观者如堵，好评如潮。

1984年5月15日，日本书道访华团拜访林散之，团长、日本书坛巨擘青山杉雨敬题"草圣遗法在此翁"为赠。5月18日的《新华日报》和《南京日报》都对这次展览和林散之的情况作了报道。同年11月，北京《瞭望》周刊四十七期发表《草圣遗风在此翁》评介文章。从此，林散之"当代草圣"之称传颂四方。

1985年3月，安徽黄山书画社出版了《林散之诗书画选集》。同年12月，江苏美术出版社出版了《林散之书法选集》，赵朴初先生题诗代序："散翁当代称三绝,书法犹矜屋漏痕。老笔淋漓臻至善,每从实处见虚灵。万里行程万卷书,精思博学复奚如。蚕丝蜂蜜诚良喻,岁月功深化境初。"

成名后的林散之,依然过着与以往一样简朴而安静的生活,唯一使他烦恼的就是要应付太多的求字要求。此时的他双耳全聋,腿脚不便,行走全靠拐杖或者轮椅。但他生性善良,只要身体还允许,必定会尽量满足各类索字者。尤其是对于老家来的亲友和事关自己老师的事情,林散之必定会答应。民间藏有大量林先生的作品,人们昵称林散之是"林半吨",但他也从不介意,乐在其中。

他是个懂得感恩的人,一生都对自己过去的老师非常尊敬和爱戴。1988年,浙江美术学院王伯敏教授主编《黄宾虹书法》,来函要求林散之题写书签。林散之接信后,不顾已九十一岁高龄、身体十分衰弱,认认真真、郑重其事,写下"黄宾虹吾师书法",下款写"门人林散之敬题"。事后,出版社又来信表示,此书名只写"黄宾虹书法",下款只写"林散之题"。林散之获悉后,坚决不同意,非要按照自己的意愿把"吾师""门人"这两个示尊之词加上。

1981年,范培开先生的后人从乌江带来一副范先生写的草书对联。几经动乱,范先生的遗墨现已十分罕见。林散之见了大喜,亲自请良工装裱,并在此对联上题跋。1988年,有人收集到一副范培开先生对联,他找到林散之,表示愿以此换取他所书对联一副。林散之听了后,想也没想马上答应了,尽力写了一副精品,换下范先生的对联,珍藏起来。

林散之年轻的时候,跟随张栗庵学习古文。张在学问上是老师,又曾经救过他的命,林散之对张先生有着极深厚的感情。1930年张栗庵临终时,林散之去探望他,张惨然道:"便与先生成永诀,九重泉路尽交亲。"并赠肖像一幅。张栗庵去世后,林散之将其所赠肖像悬挂于江上草堂中,睹物思人,悲从中来,不能自已。林散之强忍悲痛,作了《斋居苦雨对栗庵夫子遗像有感》。他对生命无常的感叹,对执弟子礼时的回忆,对恩师的无尽感激和无限思念,全在诗中。

第三节

天伦之乐

随着年龄的增长,林散之的身体状况也越来越差。他1973年被医院查出患有脑动脉粥样硬化、心律不齐和高血压等疾病,此后又饱受慢性支气管炎的折磨。1970至1979年间只住了两次医院,但八十岁至八十九岁的十年间住了五次医院。

虽然身体一天不如一天,但林散之对于艺术的热爱和追求却愈加浓烈,每当稍有好转,他便吟诗或作书、作画,一如既往地乐观。即使住院期间不能书写,他也要用手指在肚子上画来画去,在护士异样的眼光中,暗自享受着"书写"带给他的快乐和满足。

在近九十岁的时候,林散之从百子亭的住处搬到了南

林散之

京林学院儿子的家中。此次搬迁,他的居住环境有了改善,家人也可帮他推掉一些冗杂的社会事务和索字要求。老人在这里,算是过了两年的清静生活。此时的他身体很虚弱,很少写字,遇到天气好的时候,就坐在轮椅上,由家人推着出去走走。林散之最爱去南京的小街小巷,看看老百姓的市井生活,吃一吃南京的各类小吃,欣赏一下郊外的四时美景。虽然他听不到外界的一丝声音,但笑容,却常常挂在他的脸上。

1989年7月底,林散之又因脑动脉硬化、肺气肿住进南京鼓楼医院治疗。出院后,他的身体变得极度衰弱,有时还神志不清,每日基本上都是睡在床上,强撑着坐起,也是低着头打瞌睡。

此时的林散之,不要说读书、写字了,已经连吃饭、喝水都要别人伺候。家人看到老人这个样子,担心他会出意外,于是召集散居各地的儿女,趁着老人意识尚清醒,赶来再看望他一次。儿女接信后,先后来宁,聚在老人身边,全家团圆,共享天伦之乐。

1989年10月,林散之儿女为他操办九十二岁生日寿宴。过生日这一天,儿孙和亲朋二十余人应邀参加,气氛很热烈,林散之非常高兴,他自己还主动喝了两杯酒。生日后的第三天，林散之突然说要写字，让家人准备好笔墨纸砚。家人以他身体太过虚弱，不能写字为由，阻拦他。林散之大发脾气，闹着非要写，家人拗不过，只好裁了两小张一尺见方的窄宣纸条，铺在他面前，并且赶忙磨墨。

笔墨伺候好了，林散之靠在椅子中，闭目养神半个多小时，强撑着病体，用苍老无力的手，拿起笔在宣纸上写了"生天成佛"四个字。写好后，叫家人按他指定的位置盖了章。他看了几眼自己刚刚完成的作品，清癯消瘦的面庞上掠过一丝难以觉察的笑意，然后闭目端坐，宛如一尊坐佛。

这是他一生中最后的一幅作品。林散之一生广结墨缘，与各界人士均有交往。除了早年结交的"松竹梅三友"许朴庵、邵子退二老外，还有对佛学有着较深研究的全椒张汝舟，以及佛教界、文艺界人士。佛教界如赵朴初、邓西亭居士和圆霖、圆彻法师。从交往的诗文中，可以反映出佛学思想在林散之心灵中占有很重要的地位。他的绝笔"生天成佛"，大概也与此有关系。

两个月之后，1989年11月30日，林散之因肺部感染住院；12月6日，病逝于南京鼓楼医院，走完了他九十二年的既坎坷，又奇绝的一生。

12月8、9两日，《人民日报》《光明日报》《文汇报》《新华日报》《南京日报》《江苏工人报》《扬子晚报》等，都对林散之去世的消息作了报道。中国书法界，为失去这样一位大师，感到非常的悲痛与惋惜。

12月22日，在江苏省锡剧团实验剧场，人们为林散之举行了隆重的追悼会，中共江苏省委全体常委以及省、市各有关单位领导人和各界人士一千余人参加。

按照林散之的遗嘱，家人将他和他的夫人合葬于安徽采石太白楼旁小九华山麓。1997年4月迁葬于"林散之艺术馆"内。迁葬的原因有二：一是林散之终身钦慕李白的人品和才艺，把墓地选在太白楼之侧，取诗仙为邻，诗书两绝，成万世佳话；二是林散之本籍为安徽和县乌江，出生于南京江浦乌江（此乌江

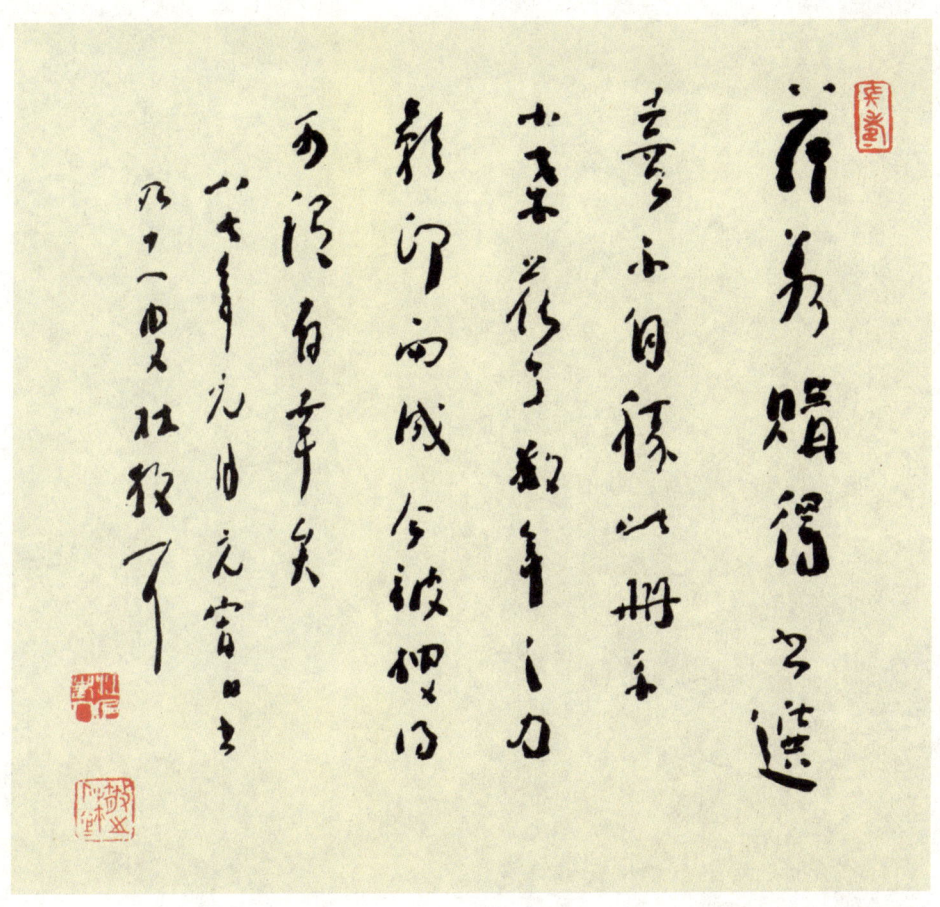

林散之 1987 年作品《手札》

即项羽自刎处，两个乌江虽分隔两省，其实只相距十三公里），取采石矶隔长江相望。林散之生前曾十数次登临采石矶，寻访前人遗迹，面临滚滚长江，遥望家乡，写生作画，抒情赋诗。

1999 年，由其子和乌江镇政府出资，部分亲友赞助，复建了林散之故居和江上草堂。

1988 年 1 月 3 日，江浦县在县城的求雨山上建立林散之纪念馆。1990 年冬，在安徽马鞍山市采石矶公园建立林散之艺术馆，启功题写了馆名。